HISTOIRE
MILITAIRE
DU DUC
DE LUXEMBOURG
EN FLANDRE.

Ordre pour placer les Cartes.

Carte de Flandre par Mr. de Lifle, Tome I. pag. 1.

Seconde Carte de Flandre, Tome I. pag. 1.

Carte des Camps de St. Amand & de Leufe, Tome I. pag. 9.

————————— de Leufe & de Hauterive, Tome I. pag. 13.

————————— de Hauterive & d'Harlebeck, Tome I. pag. 15.

Toutes ces Cartes peuvent fe placer à la fin du Tome II. fi on le juge plus à propos.

HISTOIRE MILITAIRE

DU DUC

DE LUXEMBOURG,

Contenant

Le détail des Marches, Campemens, Batailles, Siéges & Mouvemens des Armées du Roi & de celles des Alliés

EN FLANDRE;

Ouvrage dédié & préfenté à S. M. Louîs XV.

PAR LE CHEVALIER DE BEAURAIN,

Géographe ordinaire du Roi.

Nouvelle Edition plus correcte, & accompagnée des Cartes générales du Pays.

TOME PREMIER.

Campagne de 1690.

A LA HAYE,

Chez BENJAMIN GIBERT, Libraire.

M D. C C L V I.

AVERTISSEMENT
DU
LIBRAIRE.

„ EN entreprenant cette nouvelle Edition *in Quarto* de l'Hif-
„ toire Militaire du Maréchal Duc de Luxembourg, j'ai cru
„ devoir l'exécuter de manière à éviter l'inconvénient de
„ celle de Paris *in-Folio*. Au-lieu d'obliger le Public de fe charger
„ à la fois de l'Hiftoire & de la multitude de fes Cartes, il me
„ faura gré, j'efpere, que je lui laiffe le choix de s'accommoder
„ de l'Ouvrage, fimplement accompagné de deux Cartes généra-
„ les de la Flandre, ou augmenté des Cartes les plus nécef-
„ faires, ou enrichi de toutes celles qui fe trouvent dans l'Edition
„ de France. Par-là je facilite l'acquifition d'une Hiftoire inté-
„ reffante, qui femble n'avoir été réfervée que pour la Claffe des
„ Perfonnes qui font profeffion du Métier de la Guerre. Le Parti-
„ culier, qui fe contente des faits fans ornemens; le Curieux, qui
„ aime à les voir réunis; le Militaire, qui veut du narré avec beau-
„ coup de deffins, auront dequoi fe fatisfaire à plus ou moins de
„ fraix, mais toujours beaucoup au-deffous du prix que ne coute l'E-
„ dition de Paris. Elle ne porte à fon frontifpice qu'une Carte gé-
„ nérale de peu d'étendue. Ici le Lecteur en a deux très amples &
„ très exactes; l'une gravée fur de bons Mémoires; l'autre dreffée
„ par le fameux Guillaume de l'Ifle, dans laquelle fe trouve le Ro-
„ man Pays, ou Brabant Wallon, dont il eft fait mention en plu-
„ fieurs endroits de cette Hiftoire. On a retranché à côté du texte
„ de la préfente Edition la repetition fuperflue des Planches, qu'il
„ appartient au Relieur de placer felon l'ordre. On s'eft contenté
„ de conferver les notes marginales, ou indications des Marches,
„ Combats, &c., ainfi que les renvois aux Plans des Batailles & des
„ Siéges par lettres alphabétiques, à l'ufage de ceux qui voudront
„ foufcrire, ou pour les 13. Cartes les plus néceffaires, ou pour les
„ 51. autres des Camps differens, dont voici les Liftes & les condi-
„ tions de foufcription ".

*

Lif-

Lifte des Cartes les plus néceffaires.

1. Ordre de Bataille de l'Armée du Roi à Saint - Amand le 12. Mai 1690.

2. Plan du Combat de Cavalerie, donné près de Fleurus le 30. Juin 1690.

3. Plan (Premier) de la Bataille de Fleurus, donnée le 1. Juillet 1690.

4. Plan (Second) de la même Bataille.

5. Ordre de Bataille des troupes qui étoient à la Bataille de Fleurus le 16. Juillet 1690.

6. Ordre de Bataille de l'Armée du Roi au Camp de Hons le 7. Août 1690.

7. Carte de l'Inveftiffement de Mons en 1691.

8. Plan des Attaques de Mons, affiégé le 16. Mars 1691.

9. Ordre de Bataille de l'Armée du Roi au Camp de Curne le 16. Mai 1691.

10. Ordre de Bataille de la même au Camp de Haifne-Saint-Pierre, le 30. Juillet 1691.

11. Autre Ordre de Bataille au Camp de Cerffontaine le 9. Août 1691.

12. Plan (Premier) du Combat de Leufe le 20. Septembre 1691.

13. Plan (Second) du Combat de Leufe le 20. Septembre 1691.

„Ces 13. Cartes, qui font actuellement fous le burin, fe ven-
„dront à raifon de 3. florins d'Hollande , & de 2. florins 10. fols
„à ceux qui en acquitteront le prix d'avance, en recevant les To-
„mes I. & II".

Lifte des Cartes des Camps.

1. De Saint-Amand & de Leufe les 2. & 17. Mai 1690.

2. de Leufe & de Hauterive les 17. & 20. Mai 1690.

3. De Hauterive & d'Harlebeck les 20. & 21. Mai 1690.

4. D'Harlebeck & de Deinfe les 21. & 22. Mai 1690.

5. De Deinfe & de Hauterive le 22. Mai & 16. Juin 1690.

6. De Hauterive & de Leufe le 16. & 19. Juin 1690.

7. De Leufe & de Pomereuil les 19. & 20. Juin 1690.

8. De Pomereuil & de Quevi les 20. & 22. Juin 1690.

9. De

9. De Quevi & de Jeumont les 22. & 23. Juin 1690.

10. De Jeumont & de Bouffu les 25. & 26. Juin 1690.

11. De Bouffu & de Gerpines les 26. & 27. Juin 1690.

12. De Gerpines, Metez, Goignies, Ham-fur-Sambre & Velaines les 27. & 30. Juin 1690.

13. De Fleurus, de Velaines après la bataille, & de Farcienne les 2. & 16. Juillet 1690.

14. De Farcienne & de Trafegnies les 16. & 17. Juillet 1690.

15. De Trafegnies & des Hautes & Baffes Eftinnes les 17. & 18. Juillet 1690.

16. Des Eftinnes & de Taifnieres les 18. & 19. Juillet 1690.

17. De Taifnieres & de Quiévrain les 19. & 21. Juillet 1690.

18. De Quiévrain & de Hons, ou de Taifnieres les 21. Juillet & 5. Août 1690.

19. De Hons, ou de Taifnieres & d'Henfies les 5. & 10. Août 1690.

20. De Henfies & de Peruwez les 10. & 19. Août 1690.

21. De Peruwez & de Blicquy les 19. & 23. Août 1690.

22. De Blicquy & de Leffines les 23. & 29. Août 1690.

23. Et celui des Ennemis.

24. De Leffines & d'Anfureuil les 29. Août & 9. Septembre 1690.

25. D'Anfureuil & d'Harlebeck les 9. & 12. Septembre 1690.

26. D'Harlebeck & des Quartiers de fourrage, les 12. & 17. Septembre 1690.

27. De Curne & de Hauterive les 15. & 19. Mai 1691.

28. De Hauterive & de Renay les 19. & 25. Mai 1691.

29. De Renay & de Leffines les 25. & 26. Mai 1691.

30. De Leffines & d'Enghien les 26. & 28. Mai 1691.

31. D'Enghien & de Hall les 28. & 29. Mai 1691.

32. De Hall & de Braine-le-Comte avec la pofition du Champ de bataille à Sainte Reynelde les 29. Mai & 5. Juin 1691.

33. De Braine-le-Comte & de Haifne-Saint-Pierre les 5. & 27. Juin 1691.

34. De Haifne-Saint-Pierre & de Soignies les 27. Juin & 7. Juillet 1691.

35. De Soignies & des Eftinnes les 7. & 14. Juillet 1691.

36. Des Eftinnes & de Merbe-Potterie les 14. & 16. Juillet 1691.

37. De Merbe-Potterie & de Bouffu, ou Slenrieu les 16. & 21. Juillet 1691.

38. De Bouffu, ou Slenrieu & d'Emptines les 21. & 22. Juillet 1691.

39. D'Emptines & de Cerffontaine les 22. Juillet & 8. Août 1691.
40. De Cerffontaine & de Lugny le 10. Août 1691.
41. De Lugny & de Strées les 10. & 21. Août 1691.
42. De Strées & de Felluy les 21. Août & 4. Septembre 1691.
43. De Felluy & de Soignies les 4. & 6. Septembre 1691.
44. De Soignies & de Gammarache les 6. & 8. Septembre 1691.
45. De Gammarache & d'Appelteyren les 8. & 9. Septembre 1691.
46. D'Appelteyren & de Leffines les 9. & 13. Septembre 1691.
47. De Leffines & de Renay le 15. Septembre 1691.
48. De Renay, d'Herines & de l'aîle droite de Cavalerie à l'Abbaye du Saulfoy les 15. & 18. Septembre 1691.
49. D'Herines & de Hauterive les 18. & 24. Septembre 1691.
50. De Hauterive & de Saint-Eloy-Vive les 24. & 27. Septembre 1691.
51. De Saint-Eloy-Vive & des Quartiers de fourrage le 8. Octobre 1691.

„ Les trois premières de ces 51. Cartes, c'est-à-dire celles des
„ Camps de Saint-Amand & de Leuse, de Leuse & de Hauterive, de
„ Hauterive & de Harlebeck, font partie des deux premiers Tomes
„ de la préfente Edition, dont l'Exemplaire avec les deux Cartes gé-
„ nérales coûte 5. florins d'Hollande. On donne provifionnellement
„ ces trois Cartes de Camps pour modèle des 48. reftantes, dont on
„ propose le prix à 9. florins, la moitié payable en foufcrivant, l'au-
„ tre moitié quand on les fournira. Mais on ne s'engage à les faire
„ imprimer que lorfque le nombre des foufcriptions fera rempli, ou
„ fuffifant pour en fupporter la dépenfe.
„ Ces deux premiers Tomes, qui contiennent les Campagnes de
„ 1690. & de 1691., feront fuivis de trois autres, lefquels compren-
„ dront les Campagnes de 1692. 1693. & 1694. avec des Cartes ré-
„ latives aux évenemens, & dont on payera la valeur à proportion
„ des précédentes. Enfin, aux cinq Volumes fuccédera un fixième
„ de Mémoires pour fervir à l'Hiftoire du Duc de Luxembourg, où
„ il fera parlé des Affaires de fon tems, & qui complettera un Ou-
„ vrage, dans l'exécution duquel on promet tout le foin & toute
„ l'exactitude poffible.
„ On y ajoutera à la tête le Portrait du Duc, deffiné & gravé d'a-
„ près le Tableau du fameux Peintre Rigault par M. Schmidt, Gra-
„ veur de S. M. le Roi de Pruffe, &c. &c.".

DES-

DESSEIN GÉNÉRAL
DE CET OUVRAGE,

Tel que l'a donné M. le Chevalier de Beaurain.

L'HISTOIRE, dénuée des détails & des combinaisons qui préparent & qui assûrent en même tems le succès des opérations militaires, n'offre à ceux, qui suivent la profession des armes, ni des préceptes, ni des exemples qui puissent suffire à leur instruction. Si, pour y suppléer, les Auteurs, qui ont écrit sur la guerre, ont cherché à rassembler les traits les plus instructifs, & les ont cités pour servir de preuve aux règles & aux maximes qu'ils ont établies, ces abrégés, quoiqu'ils soient très utiles, ne fixent point assez les idées, & ne leur donnent ni l'étendue, ni la suite qu'elles doivent avoir.

C'est en examinant avec soin la conduite des grands hommes qui ont commandé les armées, & en les suivant dans les détails les plus circonstanciés, qu'on doit s'instruire avec certitude & se former sur les différentes parties de la guerre des idées fixes & conséquentes. Mais pour tirer de leur exemple tout le fruit qu'on en doit recueillir, il ne suffit pas de les envisager dans quelques actions d'éclat, il faut les accompagner pendant plusieurs campagnes, les rechercher & les approfondir dans toutes leurs démarches, pénétrer leurs desseins & les motifs qui les ont fait agir dans les différentes occasions.

C'est

C'eſt par ce genre d'étude, qui reſſemble beaucoup à une pratique continuelle, qu'on peut s'aſſûrer de la vérité des principes qu'on s'eſt formés, & qu'on doit étendre & perfectionner ſes connoiſſances. C'eſt en même tems la méthode la plus ſûre de connoître la partie de la frontière qui appartient à des Puiſſances étrangères, ſur laquelle on ne peut, en voiageant, ſatisfaire ſa curioſité & ſes recherches.

Tels ſont les deux objets qu'on s'eſt propoſés dans cet Ouvrage, & rien n'a paru plus capable de les remplir qu'une Hiſtoire militaire, dreſſée ſur les Mémoires & ſur les Cartes des campémens & des marches des cinq dernières campagnes de M. le Maréchal de Luxembourg, ſur ſa correſpondance avec la Cour & ſur les Lettres des Officiers-Généraux, chargés de quelque commandement. C'eſt ſur de pareils matériaux qu'on a travaillé, & c'eſt d'après le Général ſeul qu'on s'eſt aſſujetti à penſer.

Les détails, qu'on a conſervés de ces cinq campagnes, ſont preſque les ſeuls monumens dans ce genre qui nous ſoient reſtés. Quelque néceſſaire qu'il ſoit, pour l'intelligence des poſitions & des mouvemens des armées, d'étendre le recit des opérations militaires, de pareils détails ont été négligés par tous ceux qui parmi les Anciens & les Modernes ont écrit ſur la guerre. Les deux hommes même de qui l'on avoit plus de lumières à attendre, M. de Turenne dans ſes Mémoires, Céſar dans ſes Commentaires, les ont ſupprimés.

Pour rendre cet Ouvrage digne de ceux à qui il eſt deſtiné, voici le plan qu'on s'eſt fait.

On a dreſſé une Carte générale de la Flandre, qu'on a placée à la tête de celles de la première campagne, afin de pouvoir examiner, quand on le juge à propos, les parties de

la

la frontière que l'on affûre, ou qui reftent à découvert par les mouvemens qu'on exécute.

On a tracé fur des Cartes géographiques, faites avec foin, tous les camps que les troupes Françoifes ont occupés. On y a gravé les marches ainfi qu'elles font expliquées dans un Recueil dont M. le Duc de Luxembourg a bien voulu, pour l'utilité publique, gratifier le Chevalier de Beaurain. Les développemens y font faits de la manière dont le texte, auquel on s'eft affujetti, les indique. Les détails, qu'on en a confervés, & les plans de chaque campement méritent d'autant plus l'attention de tous les Militaires, qu'ils ont été dreffés fous les yeux & par les foins de M. le Maréchal de Puifegur, qui avoit été Maréchal-Général-des-Logis de l'armée de M. de Luxembourg.

Les plans des villes affiégées & de leurs attaques font inférés dans le volume des Cartes. Celles-ci font auffi exactes & auffi détaillées qu'on puiffe le defirer, le Chevalier de Beaurain aiant, pour leur perfection, profité des corrections de différens Ingénieurs-Géographes, & des augmentations que M. le Maréchal de Noailles a fait faire fur les Cartes qu'il a de ces cinq campagnes.

La diftribution de l'infanterie & de la cavalerie dans le lieu du campement, & la marche de l'une & de l'autre y font diftinguées par diverfes couleurs. Celle des bagages & de l'artillerie eft défignée par une couleur particulière, quand ils forment une colonne féparée des troupes.

Outre que les Cartes repréfentent chaque campement avec toute l'exactitude qu'il a été poffible d'y apporter, on a encore eu foin d'inferer dans l'Hiftoire les obfervations que M. le Maréchal de Luxembourg faifoit dans fes Lettres fur les po-

fi-

fitions intéreffantes. On a profité de même des recherches
qu'on a été à portée de faire dans les papiers que M. le Duc
de Luxembourg a confiés au Sieur de la Noüe pour travailler
à l'hiftoire de M. le Maréchal de Luxembourg.

Les plans des batailles font faits de la manière fuivante.
Les deux armées font diftinguées par des couleurs différentes,
leur difpofition avant la bataille & les principaux changemens,
arrivés pendant le combat, y font marqués, ainfi que les endroits jufqu'où les troupes victorieufes ont été portées dans le
moment où le fuccès de la bataille a été décidé.

On n'a point négligé d'expofer dans l'Hiftoire les opérations qui n'ont été que projettées; elles deviennent auffi inf-
tructives par les raifons qui les ont fait rejetter, que celles qui
ont été exécutées. On s'eft appliqué à connoître le projet
général de chaque campagne, & l'objet particulier de chaque
mouvement. On a cherché de même à pénétrer quels étoient
les deffeins des ennemis, & par le détail le plus exact de toutes les opérations, tant grandes que petites, on a tâché de
rendre le tableau auffi inftructif qu'il doit l'être. Batailles,
affaires de pofte, attaques d'arrière-garde, de convois, de
fourrages, marches hardies, retraites difficiles, établiffemens
de quartiers, détails de fubfiftance & de munitions de guerre, toutes ces parties font traitées avec foin, & felon que les
événemens y donnent lieu.

INTRODUCTION

A L'HISTOIRE

MILITAIRE

DE FLANDRE.

„ LA Trêve, fignée à Ratisbonne en 1684. par la Fran-
„ ce, l'Empire & l'Efpagne, avoit rétabli le calme &
„ la tranquillité entre ces trois Puiffances. Le defir, qu'avoit
„ Louïs XIV. d'entretenir la paix avec fes voifins, fembloit de-
„ voir la rendre durable, lorfque le Prince d'Orange, qui
„ craignoit d'être traverfé dans le projet qu'il avoit formé fur
„ l'Angleterre, chercha à fufciter des ennemis au Roi. Il fut
„ infpirer en Allemagne la haine & la jaloufie qu'il avoit con-
„ çue contre la France, & fit conclure la Ligue, qui fe for-
„ ma à Augsbourg en 1687. entre l'Empereur & les Princes
„ de l'Empire.

„ La connoiffance qu'en eut le Roi, & la protection qu'il
„ accordoit au Cardinal de Furftemberg, Coadjuteur & con-
„ current à l'Archevêché de Cologne, le déciderent à prendre
„ les armes en 1688. & à envoier une armée dans l'Empire.

„ M. le Dauphin affiégea Philipfbourg, & s'en rendit maî-
„ tre. Il foumit enfuite Hailbron, Heydelberg, Manheim, &
„ tout le pays qui eft entre le Rhin & le Neckre.

* *

„ En

„ En même tems les troupes Françoises s'emparerent de
„ Tréves, de Spire, Worms, Mayence, & de tout le cours
„ du Rhin depuis Philipsbourg jusqu'à Rhimberg, à l'excep-
„ tion de Coblentz & de Cologne. Pour se venger des Prin-
„ ces qui s'étoient ligués contre la France, & pour leur faire
„ supporter le poids de la guerre, on poussa dans le cœur de
„ l'Empire les contributions aussi loin qu'il fut possible.

„ Aussitôt que le Prince d'Orange vit la France occupée sur
„ le Rhin, il en profita pour exécuter ses desseins. Il partit
„ de Hollande avec une flotte considérable, chargée de l'élite
„ des troupes de la République, & alla débarquer en Angle-
„ terre, où il fut reçu par un parti nombreux & puissant. Il
„ se rendit aisément maître de ce Royaume, & obligea Jac-
„ ques II., son beau-pere, d'en sortir & de chercher un azyle
„ en France. Le Roi prit la défense de ce Prince, qui
„ étoit son allié; il déclara au mois de Décembre la guerre à
„ la Hollande.

„ Au commencement de 1689. Louis XIV., voulant aider
„ le Roi d'Angleterre à remonter sur le thrône, lui fournit des
„ vaisseaux, des troupes, des secours d'argent, d'armes & de
„ munitions, avec lesquels Jacques II. passa en Irlande, où il
„ lui restoit encore des sujets fidèles.

„ Au mois de Mai de la même année l'Empereur & l'Em-
„ pire déclarerent la guerre à la France. Elle la déclara aussi
„ de son côté à l'Espagne, qui avoit épousé les intérêts de
„ l'Empire.

„ Le Roi, pour s'opposer à toutes ces Puissances qui mena-
„ çoient le Royaume, fut obligé de former trois armées sur la
„ frontière. Celle d'Allemagne fut commandée par le Maré-
„ chal de Duras, celle de Flandre par le Maréchal d'Humie-

„ res,

„ res, & celle de Rouſſillon par le Duc de Noailles.

„ L'Empereur avoit ſes troupes en Hongrie, où elles rempor-
„ toient de grands avantages ſur les Turcs ; mais ſollicité par
„ les Princes de l'Empire, incapables de faire de puiſſans efforts
„ ſans ſon aſſiſtance, il en détacha une partie pour marcher
„ ſur le Rhin.

„ L'Electeur de Brandebourg, à la tête de ſes troupes &
„ de celles de quelques Princes de la baſſe Allemagne, diſſipa
„ celles du Cardinal de Furſtemberg dans l'Electorat de Co-
„ logne, y paſſa le Rhin, & vint aſſiéger Keyſerswert & Bonn.
„ La France avoit mis des garniſons dans ces deux places, il
„ s'en empara malgré leur vigoureuſe défenſe.

„ Le Duc de Lorraine, qui commandoit l'armée de l'Em-
„ pereur, aiant paſſé le Rhin auprès de Mayence ſans oppoſi-
„ tion, aſſiégea cette place & l'emporta.

„ Ces progrès obligerent la France de ravager le Palatinat,
„ afin de mettre une barrière entre les ennemis & l'Alſace. Des
„ conquêtes, qu'elle avoit faites en Allemagne l'année précé-
„ dente, elle ne conſerva que Philipsbourg, Tréves & Mont-
„ Royal, qui ne furent point attaquées.

„ Pendant que le Duc de Lorraine & l'Electeur de Brande-
„ bourg agiſſoient ſur le Rhin, le Prince de Waldeck avec l'ar-
„ mée Hollandoiſe paſſa la Sambre pour entrer dans le Hai-
„ naut. M. de Caſtanaga & le Prince de Vaudemont, ſuivis
„ des troupes Eſpagnoles & de celles que l'Eſpagne avoit pri-
„ ſes à ſa ſolde dans l'Empire, marcherent ſur l'Eſcaut & ſur
„ la Lys.

„ M. de Waldeck eut tout l'avantage du combat de Wal-
„ court ſur M. le Maréchal d'Humieres, qui, malgré cet é-
„ chec, empêcha les Hollandois de former aucune entrepriſe.

** 2

„ M.

" M. de Castanaga se plaça d'abord à Gavre, & M. de Vau-
" demont à Deinse. Ils se réunirent ensuite pour attaquer les
" Lignes qui s'étendoient depuis l'Escaut jusqu'à la Lys, & les
" forcèrent. M. de Calvo, qui les défendoit avec peu de trou-
" pes, avoit ordre de les abandonner si les Alliés y marchoient
" en forces; ce qu'il fit. Il se retira sans recevoir d'échec; mais
" cet avantage donna à M. de Castanaga le moïen de payer
" pendant quelque tems un Corps de troupes Hanovriennes,
" qu'il engagea à passer l'Hyver dans les Pays-Bas, & avec
" lequel il donna de l'inquiétude sur cette frontière pour les
" contributions.

" La guerre se faisoit sur la frontière d'Espagne avec plus de
" succès de la part de la France. Le Duc de Noailles, qui com-
" mandoit l'armée du Roi, voulant attaquer les Espagnols dans
" leur pays, dissipa les Miquelets, entra en Catalogne, prit
" Campredon, & conserva l'avantage pendant le reste de la
" campagne, malgré les forces supérieures que les Espagnols
" purent rassembler.

" Du côté de l'Italie, le Duc de Savoye observa en 1689.
" une exacte neutralité. Ce ne fut que l'année suivante qu'il
" fit son Traité avec l'Espagne & l'Empire, & qu'il joignit
" ses troupes à celles des Espagnols.

" Tel fut l'état de la guerre sur toutes les frontières jusqu'à
" la fin de 1689. ".

HIS-

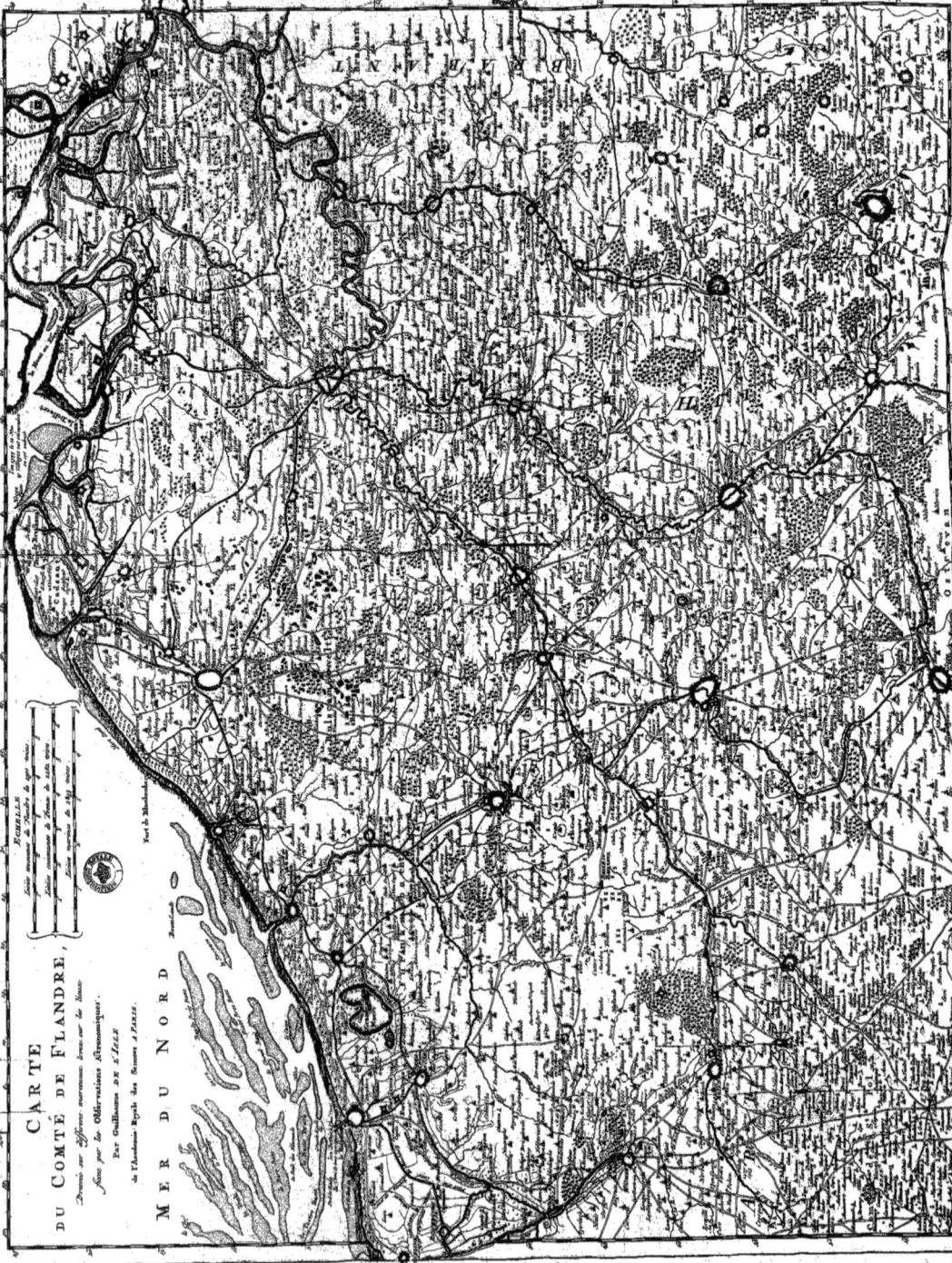

CARTE
DU COMTÉ DE FLANDRE,

Dressée sur différens mémoires dressés sur les lieux
Revue par les Observations Astronomiques
Par Guillaume DE L'ISLE
de l'Académie Royale des Sciences à Paris.

MER DU NORD

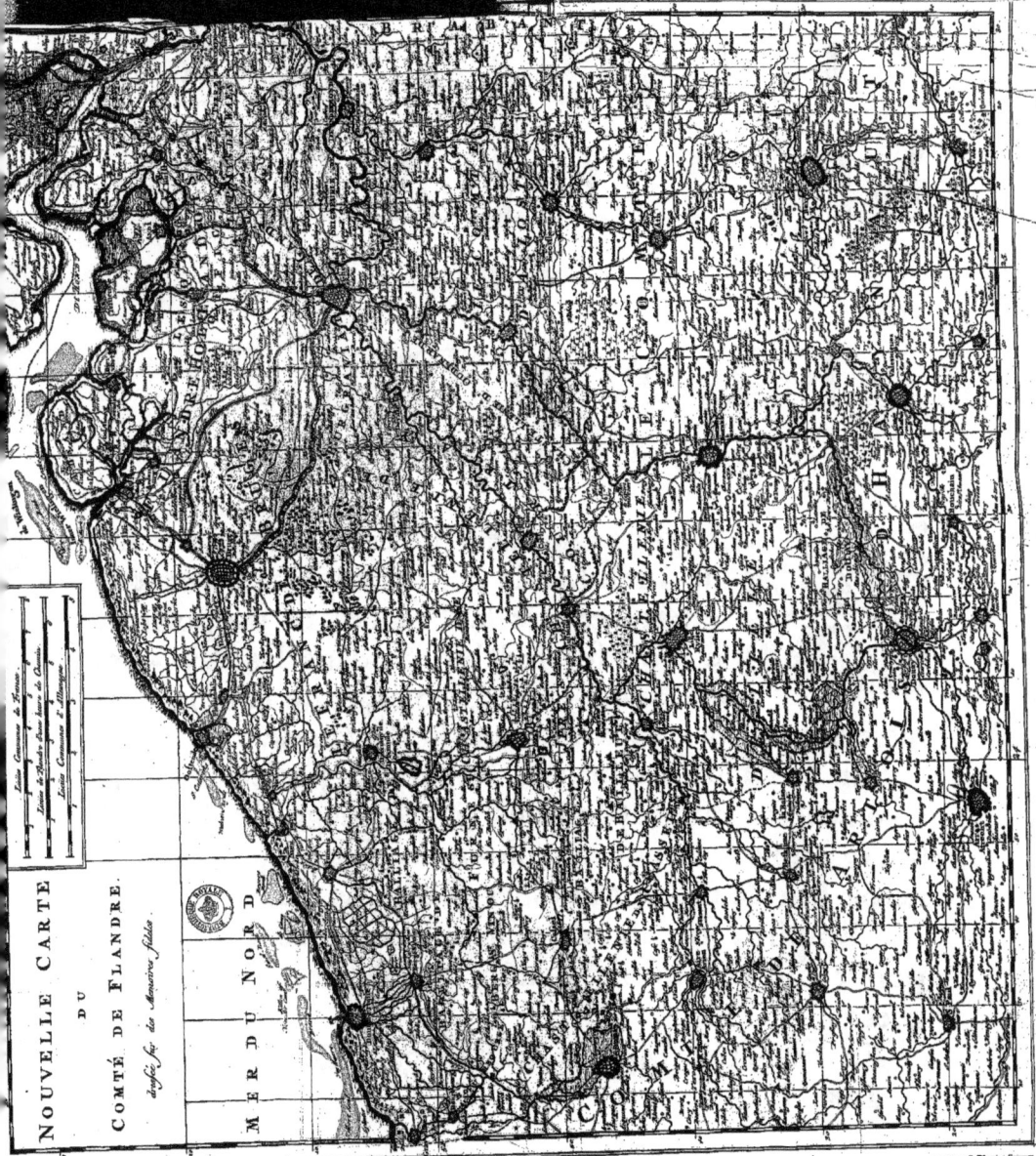

NOUVELLE CARTE

DU

COMTÉ DE FLANDRE.

dressée sur des Mémoires fidèles.

MER DU NORD

HISTOIRE
MILITAIRE
DE
FLANDRE,
EN L'ANNÉE M.DC.XC.

AU commencement de cette année les Alliés, résolus de pousser vigoureusement la guerre contre la France, se proposerent d'avoir sur le Rhin & dans les Pays-Bas des forces considérables, & de faire les derniers efforts pour pénétrer dans le Royaume.

Sur le Rhin, les armées Impériales projettoient de commencer leurs opérations par le siége de Philipsbourg, dont la conquête assûreroit l'Allemagne, & donneroit lieu de réunir toutes les forces de l'Empereur & de l'Empire, soit afin de pénétrer en Alsace, ou de se porter sur la Moselle pour y établir le théâtre de la guerre.

En Flandre, Mr. de Castanaga, Gouverneur des

Tome I.   A   Pays-

1690. Pays-Bas Catholiques, avoit ordre d'affembler à Gand les troupes Espagnoles & Wallonnes; de marcher contre les Lignes qui s'étendoient depuis l'Efcaut jufqu'à la Lys, ou d'attaquer celles qui commençoient à la Lys & fe bornoient au Canal d'Hondfcote; de pénétrer dans le pays qu'elles mettoient à couvert, & d'agir contre cette partie de la frontière & du côté de la mer tout à la fois. Les Hannovriens & les Anglois, qui avoient paffé l'hyver à Bruges & dans les environs, étoient deftinés à le fuivre & à renforcer fon armée.

M. le Prince de Waldeck devoit raffembler les troupes de Hollande le long du Demer & vers Maeftricht, s'approcher enfuite de la Sambre & la paffer, ou fe jetter fur la Meufe & porter la guerre dans le Royaume par celui de ces deux côtés qu'il jugeroit le plus à propos. Il devoit être joint par des troupes de l'Empire à la folde de la Hollande, & par celles que l'Evêque de Liége avoit levées dans fes Etats.

Les troupes de Brandebourg, qui avoient pris des quartiers d'hyver dans l'Electorat de Cologne & dans le Pays de Juliers, étoient chargées de faire une diverfion entre la Meufe, de concert avec M. de Waldeck.

Dans les conférences, tenues à la Haye, les Alliés avoient arrêté que la campagne dans les Pays-Bas s'ouvriroit par le fiége de Dinant; mauvaife place, malgré les réparations qu'on y avoit faites pendant l'hyver pour la mettre en état de défenfe.

Cette ville formoit la droite de la frontière & étoit la première des places fur la Meufe que puffent attaquer les ennemis. Les autres places de première ligne étoient

Phi-

Philippeville entre Sambre & Meuse; Maubeuge sur la Sambre; Condé & Tournai sur l'Escaut; Menin sur la Lys; Ypres, Bergues & Dunkerque depuis cette rivière jusqu'à la mer.

M. de Castanaga, aiant forcé en 1689. les Lignes depuis l'Escaut jusqu'à la Lys, les avoit fait applanir depuis Espierre jusqu'au pont David. Depuis ce pont jusqu'à Menin, le retranchement avoit été en partie rasé à demi, le reste subsistoit encore en entier, & quoique pendant l'hyver on eût travaillé à le rétablir, il ne laissoit pas que d'être encore en mauvais état au printems de 1690. On avoit d'ailleurs tellement négligé les Lignes, depuis la Lys jusqu'au Canal d'Hondscote, que dans la distance de Comines à Ypres on n'auroit sû y placer un Corps de troupes en sûreté. Le retranchement depuis Beveren jusqu'à Hondscote, faute d'avoir été réparé depuis le commencement de la guerre, étoit un poste également difficile à défendre.

La Cour, instruite des projets & des forces des Alliés dans les Pays-Bas, n'étoit pas moins attentive à couvrir les autres frontières du Royaume. D'un côté elle avoit à soutenir les efforts des Espagnols dans le Roussillon, de l'autre elle étoit obligée, pour faire la guerre en Piémont, de mettre sur pied une armée de plus que l'année précédente. Elle voioit en même tems combien il lui importoit de conserver Philipsbourg, tant pour avoir un chemin ouvert dans l'Empire, que pour boucher celui de l'Alsace. Ces raisons déterminerent le Roi à envoier M. le Dauphin à la tête de l'ar-

A 2

mée

1690. mée qui devoit agir sur le Rhin, & à en donner sous lui le commandement à M. le Maréchal de Lorges. Néanmoins il n'étoit guères possible de la rendre ici assez forte pour s'opposer aux entreprises des ennemis, sans tomber ailleurs dans quelque inconvénient. Il fallut se réduire à une guerre défensive pour la frontière de Flandre.

En prenant ce parti, le Roi crut devoir faire choix d'un Général capable de conduire cette sorte de guerre, la plus difficile de toutes pour maintenir l'honneur des armes, la plus ruineuse pour les sujets de la frontière, & la plus opposée au génie de la nation.

Les troupes, qui devoient y être emploiées, se ressouvenoient d'un échec qu'elles avoient reçu la campagne précédente. Elles avoient besoin d'un Général dont l'habileté rétablît la confiance, & dont la valeur inspirât de l'émulation. Le Roi nomma Mr. le Maréchal Duc de Luxembourg pour les commander.

L'armée principale étoit celle dont on lui destinoit la conduite. Il devoit observer sur la Sambre les mouvemens de Mr. de Waldeck, & y choisir des postes avantageux, au moïen desquels il pût le contenir. De crainte même qu'il ne perdît les occasions favorables de combattre les ennemis, le Roi lui laissa la liberté de les attaquer par-tout où il le jugeroit nécessaire.

Mr. de Boufflers devoit commander une armée sur la Meuse & agir de concert avec M. de Luxembourg ; mais comme il avoit à éclairer les démarches de l'Electeur de Brandebourg & des autres Princes de l'Empire qui s'avanceroient entre la Meuse & la Moselle, M.

de

de Luxembourg ne pouvoit difpofer de ces troupes 1690.
qu'autant qu'il ne perdroit point de vûe la néceffité de
protéger cette partie de la frontière.

M. le Maréchal d'Humieres devoit avoir dans les
Lignes un Corps de troupes pour les défendre. Quoique ce Corps ne dépendît pas de l'armée de la Sambre,
néanmoins M. de Luxembourg étoit maître de l'augmenter, ou de le diminuer à mefure que les ennemis s'y
porteroient plus ou moins en forces.

La Cour, qui vouloit mettre ces trois Corps en é-
tat d'agir féparément & à portée de fe réunir felon le
befoin, aiant prévû que les principaux efforts des ennemis tomberoient fur les places du Hainaut, ou du
côté de la mer, avoit eu foin de les pourvoir abondam-
ment de munitions de guerre & de bouche, ainfi que
de fubfiftances pour la cavalerie. Non contente d'avoir
établi des magafins de bleds & de farines dans les places de première & de feconde ligne, elle avoit envoié
des ordres aux Intendans de Picardie & de Champagne
d'en renouveller, ou augmenter les approvifionnemens,
à la première demande qui leur en feroit faite. Elle ordonna de conftruire des fours dans les endroits marqués
ci-après, afin que de quelque côté que l'armée dirigeât
fes marches, elle pût être fournie de vivres auffi promptement que l'exigeroit la néceffité des évenemens.

1690. *ETAT des Fours, établis sur la frontière de Flandre.*

INTENDANCE DE DUNKERQUE,
M. des Madrys.

Nombre des Fours,   *pour cuire par jour.*

Valenciennes.
Dunkerque.
Gravelines.   151 . . . . 196500. rations.
Bergues.
Ypres.

INTENDANCE DE FLANDRE,
M. de Bagnoles.

Lille.
Menin.
Tournai.   475 . . . . 479500. rations.
Condé.
Valenciennes.

INTENDANCE DU HAINAUT,
M. de Voisin.

Maubeuge.
Le Quênoy.
Landrecy.
Avesnes.   97 . . . . 235550. rations.
Philippeville.
Charlemont.
Dinant.

On fit dans ces places une augmentation de fours pour cuire 60000. rations par jour.

FRON-

FRONTIERE ET INTENDANCE DE CHAMPAGNE,

M. de Malezieux.

Fours.

Rocroi.	
Mezieres.	
Charleville.	
Donchery.	
Sedan.	
Bouillon.	
Carignan, ou Yvoix.	
Mouzon.	7375. ÷ : 169072. rations.
Beaumont en Argonne.	
Village de l'Etame.	
Stenai.	
Montmedi.	
Marville.	
Damvillers.	

On y augmenta les fours jufqu'à pouvoir cuire 30000. rations de plus par jour.

La Cour defiroit de prendre des moïens, propres à mettre les Lignes en fûreté. De concert avec le Général, elle fit un premier plan d'opérations pour les armées de Flandre, dont l'exécution ne rouloit que fur ce feul objet. Il fut réglé que M. de Luxembourg affembleroit de bonne heure auprès de Condé la meilleure partie des troupes qu'il devoit avoir fous fes ordres;

qu'en-

1690. qu'enfuite il fe porteroit fur la Lys & auffi près de Gand qu'il feroit poffible, tant afin de confommer les fourrages entre cette place & Courtrai, que pour inquiéter & empêcher les ennemis d'y faire de longs féjours. Ce projet étoit fondé d'un côté fur l'éloignement des troupes des Alliés qui devoient agir fur la Sambre & fur la Meufe, de l'autre fur le peu de préparatifs qu'ils avoient fait pour leur fubfiftance; ce qui donnoit lieu de croire qu'elles n'entreroient que fort tard en campagne. L'armée de M. de Luxembourg devoit être compofée de 37. bataillons & de 91. efcadrons; mais afin de n'avoir rien à craindre pour le Hainaut pendant qu'il marcheroit fur la Lys, la Cour voulut que M. de Gournay, Lieutenant-Général, fe tint fur la Sambre avec 23. efcadrons. Elle lui permit d'affembler au befoin l'infanterie que M. de Luxembourg laifferoit dans les places, & qui étoit deftinée à fervir en campagne.

Dans la vûe de remplir ce premier objet, la Cour enjoignit à M. de Bagnoles, Intendant de Lille, d'amaffer pour le commencement de Mai 500. mille rations de foin aux environs de l'Efcaut & de la Scarpe, en attendant que la pâture & les premiers fegles puffent fuffire à la fubfiftance des chevaux.

MAI.　M. de Luxembourg fe rendit à Valenciennes le 5. de Mai, & peu de jours après à Saint-Amand, où il commença à affembler fon armée. La faifon étoit fi peu avancée, que fans la prévoiance de la Cour, la cavalerie n'eût pû camper que ford tard, faute de fourrage. Toutes les troupes, qui devoient marcher fur la Lys, furent
rent

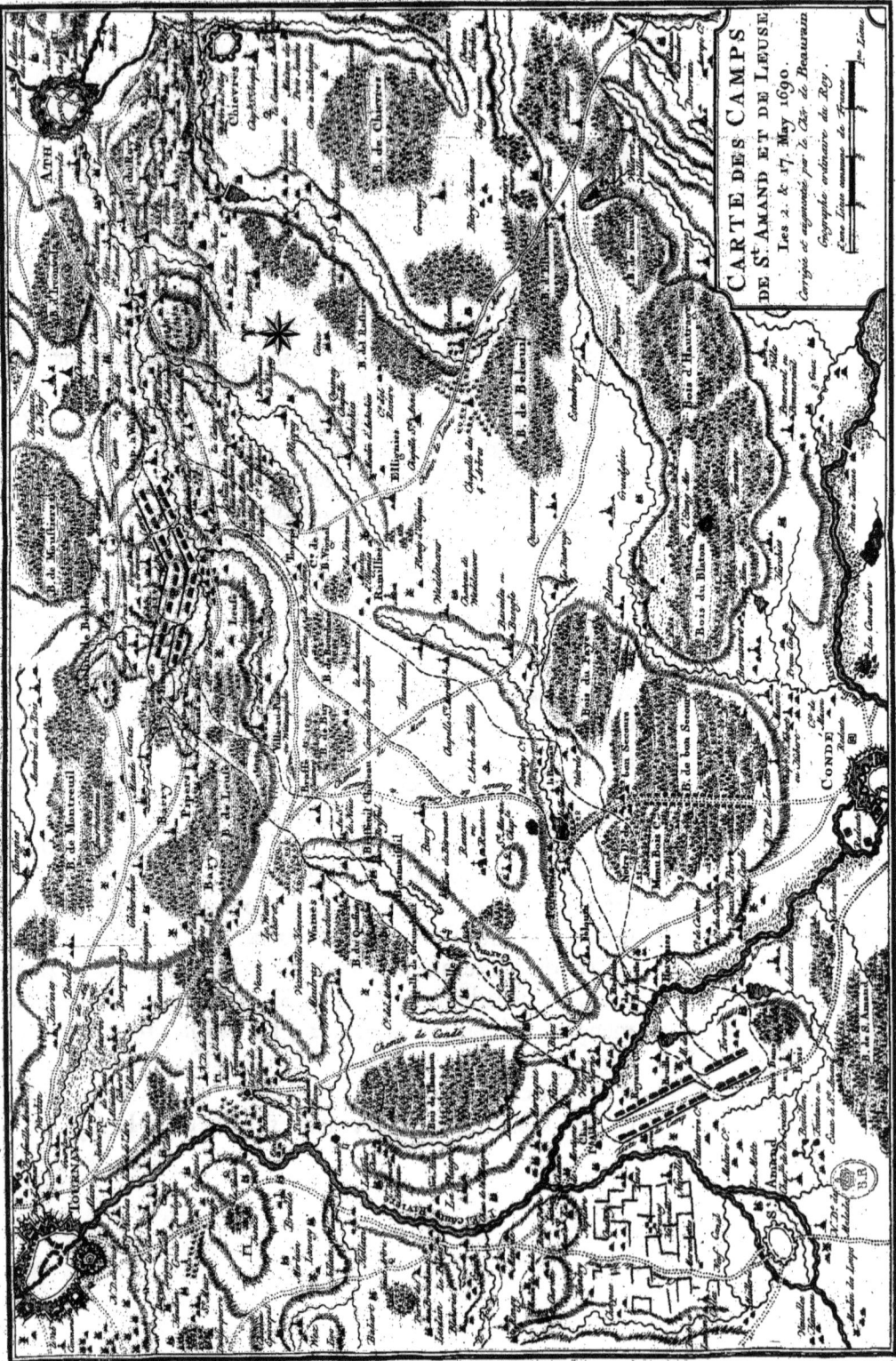

CARTE DES CAMPS
DE St AMAND ET DE LEUSE
Les 2. & 17. May 1690.
Corrigée et augmentée par le Ch. de Beaurain
Geographe ordinaire du Roy.
Une lieue comune de France.

rent rassemblées le 15. près de Saint-Amand. Elles é- 1690.
toient au nombre de 28. bataillons & de 68. escadrons, MAI.
compris le Régiment de Langallerie qui étoit du côté
de la mer, & qui ne joignit que sur la Lys. L'armée
campa sur deux lignes, toute la cavalerie à la droite de
l'infanterie. Elle eut sa droite appuiée à Château-l'Abbaye, sa gauche près de Notre-Dame-aux-Bois, & l'Escaut à dos. Le 17. elle partit pour Leuse, sans artillerie, ni caissons. La marche se fit sur quatre colonnes, qui passerent l'Escaut, chacune sur un pont différent.

Les troupes marcherent selon l'ordre de bataille Marche
qu'elles devoient former. La colonne de la droite fut de Saint-
pour la cavalerie de l'aîle droite ; les Dragons de la Reine Leuse.
& de Pompone en eurent la tête. Cette colonne traversa
l'Escaut au pont au-dessous d'Hergnies, d'où elle prit
sa marche par les dernières maisons du village, la continua par le mont de Copomont & la chapelle de No-
tre-Dame-de-bon-Secours près de Peruwez, alla passer
au Ponceau, de là à la cense de Bois-Vignol, laissant à
gauche le chemin de Peruwez à Leuse, & le village de
Ramillies à droite. Elle traversa ensuite la plaine entre
Leuse & Tourpe pour gagner le ruisseau à Chapelle à
Watine qu'elle traversa, & se rendit à la droite du camp,
où fut son poste.

Les bagages firent la seconde colonne, & passerent
la rivière au-dessous d'Hergnies, au pont le plus voisin
du village, d'où ils prirent leur marche à travers du
bourg de Peruwez, en suivirent le grand chemin à Leu-

se, qu'ils laisserent à gauche pour aller traverser un pont entre Leuse & Chapelle à Watine, & de là se rendre au camp. Cette colonne fut couverte, du côté d'Ath, par la colonne de cavalerie qui avoit la droite de la marche.

La troisième colonne fut pour toute l'infanterie. La droite de la première ligne en eut la tête, & fut suivie du reste de cette ligne ainsi qu'elle étoit campée, & de la seconde dans le même ordre. Elle passa sur le pont fait au-dessus de la Redoute de la Boucotte, d'où elle prit le chemin de Folquin, & laissa le village à droite pour aller à Wihiere. De là, tenant la Garenne de Gromont à droite, elle passa entre Braffe & le château de Briffeuil, & continua sa marche par les bois de Leuse à la droite de Ville-au-Puis. Au-delà du bois, elle tira droit au moulin de Beclers, traversa le ruisseau au pont au-dessous du moulin, tourna ensuite à droite & se rendit à son camp. Afin de ne pas embarrasser la marche d'une partie de la cavalerie de l'aîle gauche, elle passa derrière le camp de la seconde ligne de cette aîle, & entra dans le sien par l'intervalle qui les séparoit.

La quatrième & dernière colonne fut pour l'aîle gauche. Les Dragons d'Asfeld, qui devoient fermer cette aîle, eurent la tête de la marche. Cette colonne passa l'Escaut au pont au-dessus de la Redoute & près de la cense de la Boucotte, d'où elle alla à la droite de Wihiere, entre Carnelle & la Chapelle de Craunehault, gagner le moulin de Briffeuil, & continua son chemin entre Bramaisnil & Wames. Elle marcha ensuite entre

Pi-

Pipers & le bois de Leufe, traverfa le ruiffeau au moulin du grand Sart & fe rendit à la gauche du camp, où fut fon pofte.

On mit dans la colonne des bagages 50. hommes par brigade d'infanterie, & 20. Maîtres par brigade de cavalerie.

Il fut ordonné que dans cette marche, ainfi que dans toutes les autres, les vieilles gardes feroient l'arrière-garde des colonnes de bagages & d'infanterie; que les nouvelles gardes marcheroient avec le campement; qu'à la tête de chaque colonne d'infanterie il y auroit toujours 100. hommes, tirés des brigades de l'avant-garde, & munis d'outils néceffaires pour accommoder les chemins; outre un pareil détachement à la tête de chaque colonne des bagages, & 100. Dragons avec des outils à la tête de chaque colonne de cavalerie.

L'armée campa fur deux lignes, au-delà du ruiffeau de Leufe, afin d'avoir ce défilé de moins à paffer lorfqu'elle leveroit le camp. Sa droite étoit appuiée à Chapelle à Watine, fa gauche à la cenfe du Fremont. Le camp faifoit un coude dans le centre. Le 18. elle fit un fourrage général, dont l'efcorte, commandée par M. de Watteville, eut la droite à Ellignies, & la gauche à Ville-au-Puis.

M. de Caftanaga, inquiet de la marche de l'armée du Roi de Saint-Amand à Leufe, avoit mis de toutes parts fes troupes en mouvement pour s'approcher de la Dendre. Il en avoit rempli Aloft, il avoit fait entrer de la cavalerie dans Ath, & il comptoit affembler fon

ar-

armée à Enghien pour régler ses mouvemens sur ceux des troupes du Roi. M. de Luxembourg, voulant de son côté passer l'Escaut sans être inquiété, chercha à donner le change aux ennemis. Tantôt il affecta de marcher sur la Sambre, tantôt il fit semblant de s'avancer sur la Dendre.

Afin qu'on lui supposât le dessein de se rendre sur la première de ces deux rivières, il manda à Mr. de Gournay de faire cuire à Maubeuge & dans quelques autres places une quantité considérable de pain, lequel fut consommé par les troupes qui restoient dans le Hainaut. En même tems il envoia à Tournai 6. bataillons & 19. escadrons, qu'il dit être destinés pour la garde des Lignes, pendant qu'au contraire il se proposoit de porter l'armée ailleurs. Il alla même avec une escorte reconnoître les environs de Lessines, pour confirmer d'autant plus l'opinion qu'il ne tarderoit pas à y camper. Cependant M. du Metz, qui étoit à Tournai avec l'artillerie qu'il commandoit, reçut des ordres secrets de faire travailler à trois ponts de bateaux, & de les établir la nuit du 19. au 20. entre les villages de Bossu & d'Awelghem.

Une partie du détachement, envoié à Tournai, servit à assûrer la marche des vivres & le travail des ponts; l'autre y resta pour escorter l'artillerie, qui marcha séparément des troupes.

Le 20. l'armée décampa pour Hauterive.

Dès qu'on eut sonné le boute-selle, les Dragons de la Reine & le Régiment de Quadt cavalerie allerent

se

CARTE DES CAMPS
DE LEUSE ET
D'HAUTERIVE.
Les 17 et 20 May 1690.
campée et reconnue par le Chevalier de Beaurain
Ingenieur ordinaire du Roy.

Echelle

TOURNAY

Armée

se poster auprès du village de Mouftiers jufqu'à ce que
toute l'armée eût paffé. Ils en firent enfuite l'arriére-
garde, & principalement celle de la colonne des bagages.

La colonne de la droite fut pour l'aîle droite & pour
les brigades d'infanterie de Vaubecourt, des Gardes, &
de Saint-Laurent, qui marcherent entre la première &
la feconde ligne de cavalerie. Le Régiment de Pompone fuivit les deux premiers efcadrons de la Gendarmerie, laquelle eut la tête de la marche. Cette colonne,
en partant de fon camp, tint Houtaingle-neuf à droite, marcha par le grand chemin de Mouftiers, en laiffa le moulin à gauche, & defcendit au pont à Frafne,
d'où elle arriva à la Juftice. Elle prit enfuite par le
hameau de Fiennes, mit le château d'Anvain à droite
& l'Eglife à gauche pour gagner Arques. A la droite de l'Eglife elle continua fa marche par les Vieilles-
Mottes vers Efcanaffe, & traverfa l'Efcaut au pont de
la droite le plus voifin de la Ronne, d'où elle fe rendit
à fon camp.

Les bagages firent la colonne du milieu, aiant pour
leur fûreté 50. hommes par brigade d'infanterie, & 20.
Maîtres par brigade de cavalerie. Ils laifferent Grand-
Melz à droite & le moulin de Thieulain à gauche, pafferent à la culture de la Hayette & près de l'Eglife de
Hacquegnies, & mettant Mouftiers à leur droite, ils allerent au moulin de Cayeux, d'où ils tinrent Foreft à
gauche pour arriver à Cordes. De là ils entrerent dans
le Verd-chemin, continuerent leur marche entre Efcanaffe & le pont à Laye, & traverferent l'Efcaut fur

B 3 ce-

celui du milieu des deux qu'on avoit deſtinés pour le
paſſage des troupes. La marche de cette colonne fut
couverte par celle de la droite.

La troiſième colonne, qui eut la gauche de la marche, fut pour l'aîle gauche & pour les brigades d'infanterie du Roi & de Stoppa, qui marcherent entre les
deux lignes de cavalerie. Cette colonne prit par Thieulain & Montreuil-aux-Bois, paſſa à Popiolles, puis à
Velaines, d'où, laiſſant Celles à droite & Pottes à gauche, elle traverſa l'Eſcaut ſur le pont de la gauche le
plus voiſin de ce village, & vint de là ſe rendre à la
gauche du camp, qui fut ſon poſte. L'infanterie quitta la
marche de la cavalerie, marcha derrière le camp de l'aîle
gauche, & arriva au ſien par l'intervalle qui les ſéparoit.

L'armée campa ſur deux lignes, la droite près du
ruiſſeau qui tombe dans l'Eſcaut entre Warmarde &
Awelghem, la gauche au château de Boſſu, Hauterive
pour quartier général, & l'Eſcaut derrière le camp.
On replia les ponts dès que l'armée & les détachemens
les eurent paſſés.

Toutes les troupes partirent le 21. pour aller camper
à Harlebeck. La droite forma la gauche dans ce camp.

Marche
de Hau-
terive à
Harle-
beck.
La marche ſe fit ſur trois colonnes. Celle de la droite fut pour l'aîle droite & pour les brigades des Gardes
& de Vaubecourt, leſquelles marcherent entre les deux
lignes de cavalerie; les Dragons de la Reine & de Pompone en eurent la tête. Cette colonne ſe porta à Heſtrud & à Otteghem, d'où, laiſſant le clocher de Der-
wich-

CARTE
DES CAMPS
D'HAUTERIVE ET D'HARLEBECK.
Les 20 et 21 de May 1690.
Corrigée et augmentée par le Chevalier de
Beaurain Géographe ordinaire du Roy.

COURTRAY

Harlebeck

Darlick

wichte à droite, elle paſſa à Derlick pour ſe rendre au camp.

Les bagages firent la colonne du milieu. Les briga-des du Régiment du Roi, de Stoppa, & les Fuſiliers en eurent l'avant-, & Saint-Laurent l'arrière-garde. Cet-te colonne alla paſſer à Monné, de là à Zuéveghem, & prit le chemin d'Harlebeck pour ſe rendre au camp. Sa marche fut couverte par la colonne de la droite.

La troiſième colonne, qui étoit pour l'aîle gauche ſeulement, laiſſa le château de Boſſu à droite & Saint-Genois à gauche, prit le chemin d'Eſpierre à Courtrai & à Harlebeck, par où elle ſe rendit à la droite du camp, qui fut ſon poſte.

On détacha la veille pluſieurs troupes d'infanterie & de cavalerie ſur le chemin d'Oudenarde pour s'embuſ-quer & aſſûrer la marche contre les partis qui ſorti-roient de la place. Ces troupes ne rentrerent au camp qu'à la nuit.

L'armée campa entre Courtrai & Beveren, aiant la Lys derrière elle. Le quartier général fut à Harlebeck.

En arrivant dans ce camp, on envoia à Gand plu-ſieurs partis, qui eurent ordre de marcher des deux côtés de la Lys, de s'emparer de Deinſe, & de donner au camp les nouvelles qu'ils apprendroient des ennemis.

L'artillerie, qui étoit partie de Tournai le 20. du mois, conſiſtoit en 50. piéces de canon. Le 21. elle paſſa la Lys ſur le pont d'Harlebeck & alla camper à Wackem, entre Courtrai & Deinſe, avec le détache-ment qui l'avoit eſcortée depuis Tournai.

Le

Le 22. toute l'armée se rendit à Deinse.

1690.
MAI.

Marche
d'Harle-
beck à
Deinse.

La marche se fit sur trois colonnes, deux desquelles laisserent la rivière à gauche, & la passerent ensuite, en arrivant au camp, sur les ponts qui étoient au-dessous & dans la ville de Deinse. L'autre colonne fut pour les bagages, qui tinrent la Lys à droite, & suivirent la marche de l'artillerie & des vivres.

La colonne de la droite fut pour la cavalerie des deux aîles. Ces troupes marcherent à Derlick, de là à Wareghem, d'où elles suivirent le grand chemin de ce village, qui passe entre Mackelen & Cruyshouten, traverserent la Lys sur les ponts que l'on avoit jettés au-dessous de Deinse, & se rendirent à la droite du camp. Les troupes, qui avoient fait l'aîle droite au camp d'Harlebeck, & qui devoient avoir la gauche dans celui-ci, continuerent leur marche à la tête de la première ligne pour aller se ranger à la gauche de l'armée, où étoit leur poste.

L'infanterie fit la colonne du milieu. La droite de la première ligne eut la tête de la marche; elle fut suivie du reste de cette ligne ainsi qu'elle étoit campée, & de la seconde dans le même ordre. Cette colonne marcha le long de la Lys par Beveren, Desselghem, Saint-Eloy-Vive, Capelle-Tendal, Zulte, Olsene & Macklen, passa par Peteghem, traversa la Lys à Deinse, & se rendit à son camp par l'intervalle qu'il y avoit entre la droite d'infanterie & l'aîle droite.

Les bagages, aiant à leur tête le premier bataillon des Fusiliers & leur escorte ordinaire, passerent sur le pont d'Harlebeck & prirent leur marche par Bavechove,

Oye-

Oyeghem & Wackem, d'où ils allerent à Oeselghem, 1690.
& passerent sur le pont de Gothem & par le village de MAI.
Grammen pour entrer dans le camp.

L'artillerie & les vivres, parqués dès la veille à Wackem, prirent la marche des équipages pour arriver au
camp de Deinse le même jour qu'y arriverent les troupes.

L'armée campa sur deux lignes, la droite appuiée à
la Lys au-dessous de Deinse, la gauche vers Grammen,
qu'elle avoit derrière elle; le quartier général à Deinse, & la rivière derrière l'armée. On jetta des ponts de
communication sur les ruisseaux & les ravines qui tra-
versoient le camp. Il y en avoit aussi plusieurs sur la
Lys, près desquels il y avoit de l'infanterie & du canon
pour en garder les passages.

Les ennemis envoierent un détachement de cavalerie
pour reconnoître le campement de M. de Luxembourg;
il en fut averti, & les suivit sans pouvoir les atteindre,
parce qu'ils disparurent aussitôt. On mit deux bataillons
à Courtrai pour assûrer la communication de Deinse à
Menin. Courtrai n'étoit pas un poste solide; les fortifi-
cations en avoient été entiérement rasées, & il auroit
fallu trop de tems & de troupes pour mettre cette ville
en état de faire quelque résistance. On fit seulement
quelques travaux dans l'isle de la ville pour l'occuper.

La marche de l'armée du Roi avoit donné beaucoup
d'inquiétude à M. de Castanaga. Il changea promptement le projet qu'il avoit conçu de rassembler ses troupes
à Enghien, & quand il vit M. de Luxembourg à Harlebeck, il fit marcher toutes ses troupes à Gand. On

Tome I.   C   les

les difoit fortes de 17. à 18000. hommes; on en étoit perfuadé dans l'armée du Roi.

M. de Luxembourg, étant à Deinfe, fit fourager le pays de tous côtés, & pouffa les contributions jufques au-delà du Canal de Bruges. Les peuples murmuroient fort contre la prudence de M. de Caftanaga, qui ne faifoit pas le moindre détachement pour attaquer les partis & les efcortes des fourageurs qui défoloient le pays. Enfin le 31. Mai les ennemis, croiant que l'armée du Roi alloit au fourrage à Landeghem, firent fortir de Gand huit cens chevaux Hannovriens, qui fe pofterent derrière Mariekerke, où ils avoient une garde d'infanterie. Le Général de ces troupes s'avança à la tête de 60. Maîtres pour aller à la découverte. Toute la cavalerie Hannovrienne & Efpagnole fut à cheval dans la ville jufqu'au retour de ce détachement.

JUIN.   M. de Luxembourg, informé qu'ils avoient deffein d'attaquer fes fourrages, fit marcher deux jours après la plus grande partie de fa cavalerie auprès de Gand, & fit avancer fort près de la ville plufieurs troupes qui avoient l'air de fourrageurs. Elles devoient attirer les ennemis dans des endroits où on avoit placé de l'infanterie & du canon, & ils n'auroient pas manqué de donner dans le piège, s'ils n'en avoient été avertis. On profita de leur tranquillité pour fourager ce pays, auffi beau que fertile.

M. de Caftanaga, voiant que fon armée n'étoit pas affez forte pour s'oppofer à celle de M. de Luxembourg, faifoit à M. de Waldeck les plus vives inftances pour qu'il

qu'il envoiât à Gand une partie des troupes de Hollande; mais M. de Waldeck s'excusa toujours sur ce qu'il ne
pouvoit avancer, ni retarder d'un jour le dessein qu'il
avoit de se mettre en campagne, & que l'intention des
Etats-Généraux n'étoit point que leurs troupes marchaf-
fent fur la Lys.

Cependant, comme il eût pû arriver que M. de Waldeck se fût rendu aux instances de M. de Castanaga, la
Cour avoit donné ordre à M. de Gournay de détacher
M. de la Valette avec onze escadrons pour se placer à
Mortagne, & auffi-tôt qu'un détachement de l'armée de
M. de Waldeck auroit paffé la Dendre vers Aloft, M.
de Luxembourg pouvoit les mander avec les trois bataillons du Régiment de Stoppa, qui étoient à Condé
& à Tournai.

Le féjour de l'armée du Roi à Deinfe pouvoit encore produire un autre effet fur M. de Waldeck; c'étoit
de le décider à affembler fon armée, & à entrer en campagne plûtôt qu'il ne projettoit de le faire. Il pouvoit,
paffant la Sambre à Charleroi, s'avancer entre les places du Hainaut pour tâcher de faire pénétrer en France de gros détachemens. En ce cas, la Cour vouloit
que M. de Boufflers, qui avoit affemblé fur la Meufe
14. bataillons & 43. escadrons, détachât de la cavalerie à Mezieres pour empêcher les ennemis de fe répandre dans le pays, qu'avec le refte de fes troupes il def-
cendît la Meufe, & cherchât à prendre leurs derrières.
Cela arrivant, M. de Luxembourg avoit ordre de détacher M. de Calvo avec 32. escadrons pour fe joindre à
la cavalerie de M. de Gournay & de M. de la Valette,

ain-

ainfi qu'à l'infanterie qui étoit reftée dans les places du Hainaut. Ces troupes réunies devoient fe conduire de leur côté de la même façon que M. de Boufflers du fien, & même le joindre fi M. de Waldeck s'éloignoit de la Sambre.

La lenteur & l'inaction des Hollandois donnerent le tems à l'armée du Roi de confommer la plus grande partie des fourrages qui étoient entre la Lys & l'Efcaut, affez loin de Gand, & d'en faire autant dans le pays qui eft fitué entre la Mandel & le Canal qui va de Gand à Bruges. Par-là l'objet, qu'avoit la Cour pour la fûreté des Lignes, étant rempli, elle fe décida à faire venir l'armée fur la Sambre. Mais comme depuis l'Efcaut jufqu'à la mer, il n'y avoit d'autres troupes que celles qui étoient deftinées pour les garnifons, il fallut qu'en quittant la Lys, M. de Luxembourg y laiffât 10. bataillons & 30. efcadrons, avec lefquels M. le Maréchal d'Humieres devoit fe placer à Harlebeck, ou derrière la Mandel pour affûrer les Lignes par fa pofition. M. du Metz fit auffi un détachement de Fufiliers & de douze piéces de canon, qui refterent avec ces troupes.

M. de Luxembourg, laiffant une partie de fon armée à M. le Maréchal d'Humieres, devoit fe faire joindre par M. de Gournay & par l'infanterie qui étoit dans le Hainaut. Ces troupes, jointes aux fiennes, faifoient 27. bataillons & 61. efcadrons, avec lefquelles la Cour defiroit qu'il s'approchât de M. de Waldeck pour le retenir dans le pays ennemi; mais il repréfenta que toutes les démarches, qu'il feroit en préfence de l'armée Hollandoife, feroient fort hazardées, puifqu'elle devoit être

de

de 32. mille hommes, fans compter les renforts qu'elle
pouvoit recevoir de M. de Caftanaga. Cependant, afin
de fuivre les intentions de la Cour, & fur la nouvelle
qu'il étoit forti des troupes de Gand pour fe rendre à
Aloft, lefquelles devoient enfuite aller joindre M. de
Waldeck, M. de Luxembourg fit partir le 10. Juin pour
l'Ifle de Saint-Amand 14. bataillons aux ordres de M.
de Ximenès.

Le 12. Juin il fut informé que M. de Waldeck étoit
avec fon armée entre Wavre & Louvain, & que l'on
faifoit cuire du pain à Mons & à Charleroi ; ce qui le
détermina à ne pas féjourner long-tems à Deinfe. Il
chargea M. du Metz de conduire à Tournai l'artillerie, les vivres & les gros équipages, fous l'efcorte de
quatre bataillons & des Fufiliers attachés à l'artillerie.
M. du Metz fe rendit le 15. à Vliesbeck, le 16. à Harlebeck, le 17. à Efpierre, & le 18. à Tournai, où il
prit les munitions de guerre néceffaires pour l'armée.

M. le Maréchal d'Humieres étant arrivé le 16. à
Harlebeck pour prendre le commandement des troupes
qui lui étoient deftinées, toutes celles, en garnifon à
Deinfe, fe mirent en marche le même jour.

M. de Luxembourg alla camper à Hauterive avec
38. efcadrons qui lui reftoient. Il garda pour les poftes
des environs de fon camp un bataillon du Régiment de
Greder, qu'il renvoia à Harlebeck le jour qu'il paffa
l'Efcaut.

La marche de Deinfe à Hauterive fe fit fur deux colonnes, dont l'une fut pour les troupes, & l'autre pour
les bagages.

Celle

1690.
JUIN.
Marche
de Deinfe
à Haute-
rive.

Celle des troupes, qui couvroit les bagages, paſſa la Lys ſur un pont au-deſſous de Deinſe, alla au château de Maelſtapel qu'elle laiſſa à droite, de là à Cruys-Houtem, Worteghem & Anſeghem, & laiſſant Tyghem à droite & Awelghem à gauche, elle ſe rendit à Hauterive, où fut le camp.

Les équipages paſſerent ſur le pont de Deinſe, allerent à Peteghem, & enſuite à Machelen. De là ils prirent le chemin de Wareghem qu'ils laiſſerent à droite, paſſerent à Ingoyeghem & à Heſtrud, d'où ils ſe rendirent au camp. On envoia quelques détachemens de cavalerie & de Dragons ſur la gauche de la marche pour veiller ſur Oudenarde.

Les troupes camperent ſur deux lignes, la droite près d'Awelghem, la gauche vers Boſſu, l'Eſcaut derrière le camp, & Hauterive pour quartier général.

Le 19. M. de Luxembourg partit de Hauterive pour aller à Leuſe; la marche ſe fit ſur deux colonnes.

Celle des troupes paſſa ſur un pont qu'on avoit fait à Boſſu; de là elle alla à un pont de pierre qui eſt au bout des prairies, afin de paſſer entre le château & l'Egliſe de Pottes. Elle prit enſuite le chemin de Celles & de Montreüil-aux-Bois qu'elle laiſſa à droite, & Hacquegnies à gauche. De là elle alla à Thieulain & à un pont qui étoit au-deſſous de Leuſe près du bourg, pour y traverſer le ruiſſeau & ſe rendre à la droite du camp.

Les bagages, avec les détachemens pour leur ſûreté,
paſ-

paſſerent l'Eſcaut à Helchin, prirent leur route par la place d'Herines, & entrerent par la plaine dans le Verd-chemin. Ils allerent enſuite à la cenſe des Mottes, au moulin Clipet, à la cenſe du Sart, mirent l'Egliſe de Mourcourt à leur gauche, paſſerent au moulin de Breuze, à Melle, & à Quartes, qu'ils laiſſerent à gauche. De là ils pouſſerent juſqu'à la cenſe du Preau, d'où, laiſſant Timogées à droite, ils allerent par le Tri de Becler gagner le chemin de Tournai à Ath, qu'ils ſuivirent juſqu'à Leuſe, où fut mis le quartier général.

1690. JUIN.

Les troupes camperent ſur deux lignes, la droite près de Leuſe, la gauche près du ruiſſeau de Bliqui. Ce même jour l'artillerie s'avança avec ſon eſcorte au camp de Peruwez, où elle trouva les quatorze bataillons qui avoient été détachés de Deinſe ſous les ordres de M. de Ximenès.

Le lendemain l'armée marcha à Pomereuil, où elle fut jointe par tous les détachemens & l'artillerie.

Les troupes, qui avoient campé à *Leuſe*, marcherent ſur deux colonnes; l'une fut pour les troupes, & l'autre pour les équipages. Celle des troupes laiſſa Tourpe à gauche, & paſſa à la cenſe de Malmaiſon; de là, laiſſant Hellignies à gauche, Ramillies & Baſecles à droite, elle marcha entre Baſecles & Quevaucamp pour aller à Grandgliſe, d'où elle ſe rendit à Pomereuil, qu'elle traverſa pour arriver au camp.

Marche de Leuſe à Pomereuil.

Les bagages, avec des détachemens pour leur ſûreté, prirent le chemin de Roucour, paſſerent le long de

Ville-

1690. Ville-au-Puis & au coin du bois de Bari pour prendre
JUIN. le chemin de Tournai à Mons, d'où ils allerent à Bafecles & à Blaton. Ils monterent enfuite fur les Bruiè-
res, & defcendirent par l'Hermitage de Blaton à
Harchies, & de là au camp.

L'armée eut la droite à la tenue de Beham, & la
gauche au pont à Haifne. Le quartier général fut à
Pomereuil, la rivière d'Haifne derrière le camp, fur laquelle on dreffa quatre ponts de bateaux. Il y en avoit
deux autres à la tenue de Beham, un à celle de Montreuil, & un au-deffous du pont à Haifne.

Non feulement la Cour avoit trouvé juftes & fon-
dées les repréfentations que M. de Luxembourg avoit
faites fur le nombre de troupes dont on avoit affoibli
fon armée; mais elle avoit encore fenti combien fa foi-
bleffe feroit préjudiciable aux évenemens particuliers de
cette frontière, & combien fes démarches & fa conduite pourroient influer fur les affaires générales de l'Eu-
rope. Elle avoit reconnu en même tems que le feul
moïen de faire échoüer tous les projets des ennemis
contre les places du Hainaut étoit de mettre l'armée,
qu'il commandoit, en état de s'approcher de celle de
Hollande, & d'aller au-devant d'elle dans le pays ennemi. En conféquence elle ordonna à M. de Boufflers de
détacher 30. efcadrons & 18. bataillons, qui faifoient toute fon infanterie, pour fe joindre à M. de Luxembourg aux environs de Florennes, le jour qu'ils en
conviendroient enfemble. La jonction de ces troupes
& du Corps de M. de Gournay avec celles qui étoient
ve-

venues de Deinfe fur la Sambre, devoient faire 45. bataillons & 91. efcadrons. M. de Luxembourg eut ordre
d'en détacher un bataillon à Maubeuge, & d'envoier
M. de la Valette à Condé avec quatre bataillons & onze efcadrons pour empêcher les ennemis de pénétrer
entre la Sambre & l'Efcaut, & pour marcher promptement au fecours de M. le Maréchal d'Humieres, s'il
en avoit befoin. De fon côté, M. le Maréchal d'Humieres eut ordre de veiller aux mouvemens de M. de
Caftanaga, afin de s'approcher de Condé à mefure que
les troupes d'Efpagne s'avanceroient du côté de Bruxelles.

Par le renfort qui venoit de l'armée de M. de Boufflers, M. de Luxembourg, après avoir détaché M. de
la Valette, devoit avoir 40. bataillons & 80. efcadrons,
avec lefquels la Cour vouloit qu'il fe portât fur la Sambre auffi bas qu'il feroit poffible, & qu'il y prît un
pofte d'où il pût envoier des partis dans le pays ennemi
pour en tirer des contributions, refferrer Namur, &
empêcher que par cette place M. de Waldeck & l'Electeur de Brandebourg ne fiffent paffer & repaffer conti-
nuellement des troupes qui, obligeant M. de Boufflers
de leur abandonner la campagne, auroient pû fe réunir contre l'armée du Roi pour la combattre.

M. de Luxembourg, fatisfait du nombre des troupes qu'on lui accordoit, & adoptant les idées de
la Cour pour fes opérations, réfolut d'en exécuter
promptement les ordres. Ce moment étoit d'autant
plus favorable pour agir contre M. de Waldeck, qu'il

1690.
JUIN.

n'avoit pas encore été joint par les troupes de Liége & de Brandebourg.

L'Electeur de ce nom devoit mettre en campagne dix à onze mille hommes, & l'Evêque de Liége huit mille, au moïen des secours d'argent qu'il recevoit des Alliés.

M. de Luxembourg, aiant appris le 21. Juin que M. de Waldeck campoit à Reves & à Pont-à-Selle, & que le 23. il devoit aller camper au Piéton, fit partir de Pomereuil le 22. l'armée du Roi pour passer la Sambre & se rendre aux environs de Florennes. Le premier jour elle alla au grand & au petit Quevi.

Marche de Pomereuil à Quevi.

La marche se fit sur trois colonnes ; la cavalerie eut celle de la gauche, l'aîle droite en eut la tête. Elle défila par sa droite, passa sur le pont qui étoit près de la tenue de Beham, & prit sa marche, en remontant la rivière, par les prairies où l'on avoit accommodé le chemin. Ensuite elle alla à Bossu, laissant l'Eglise à gauche, & entra dans la plaine, d'où elle passa à Hornu, en laissa l'Eglise à droite pour se porter à la Chapelle de Notre-Dame-de-Salut, & suivit le chemin de Mons jusqu'à la hauteur de Wamiolle, où elle traversa le ruisseau de Wasme. De là elle tourna à droite, mit Quaregnon à sa gauche, alla passer à la hauteur de Frameries, laissa ce village & celui de Genli à droite, y prit le chemin du petit Quevi par où elle se rendit au camp. L'aîle gauche, qui avoit la queuë de cette colonne, traversa le camp par l'intervalle qui séparoit la droite d'infanterie de l'aîle droite, & passa

der-

derrière les deux lignes d'infanterie pour aller à la gauche, où fut son poste.

L'infanterie paſſa l'Haiſne au pont de bateaux qui étoit fait à la tenue de Montreuil, d'où elle alla gagner au travers des prairies le village de Thulin, & entra dans la plaine, marchant entre les deux colonnes de cavalerie & de bagages. De là elle paſſa près l'Egliſe d'Hornu, qu'elle laiſſa à gauche, & alla à la Juſtice de Waſme. Elle traverſa enſuite le grand chemin de Bavai à Mons, le laiſſant à gauche, & après avoir marché le long des hayes de Frameries, elle paſſa à Genli, & de là ſe rendit au camp.

L'artillerie, ſuivie des caiſſons & des Vivandiers, paſſa au pont à Haiſne & à celui qui étoit au-deſſous, ſuivit la chauſſée juſque dans la plaine, & de là elle prit le chemin de Valenciennes à Mons, qu'elle quitta pour aller à Waſme, paſſa dans ce village, vint à la cenſe du Temple, d'où, laiſſant le petit Quévi ſur la gauche, elle ſe rendit au camp. Les bagages du quartier général & de toute l'armée paſſerent la rivière aux ponts de la tenue de Beham & de Montreuil, d'où ils prirent le chemin de Thulin, & entrerent de là dans la plaine, où ils ſuivirent leur ordre de marche après l'artillerie.

La marche de l'artillerie & des équipages fut couverte par les colonnes des troupes du côté de Mons.

L'armée campa ſur deux lignes, la droite près d'Harvent, la gauche entre le grand & le petit Quevi. Elle avoit un ruiſſeau en tête, & un autre derrière le camp.

Elle y arriva fort tard, & la difficulté de paſſer les

ruiſ-

ruiſſeaux , qui ſe trouvoient dans ſa marche, l'obligea
de s'approcher fort près de Mons.

Le 23. toutes les troupes paſſerent la Sambre pour
aller camper à Jumont ; la droite fit la gauche dans ce
camp.

Marche
de Quevi
à Jumont.
La marche ſe fit ſur trois colonnes; l'aîle droite eut
celle de la gauche. Cette colonne vint au pont de pierre qui mene à Ihy, laiſſa le village à droite pour prendre la grande chauſſée qui paſſe auprès de Scarbion , &
mettant cette cenſe à droite, elle traverſa le ruiſſeau auprès du bois de Villers-Meſſire-Nicol. Elle le côtoïa
pour remonter entre les Rigneux & Rouvrois; de là,
continuant ſa marche entre la cenſe de Haubreucq &
le bois de Saillermont, elle alla à Merbe-Potterie, &
paſſa la rivière près de Solre ſur Sambre pour ſe rendre
à la gauche du camp, où fut ſon poſte.

La ſeconde colonne fut pour l'infanterie. Chaque
ligne défila par ſa gauche; la première eut la tête de la
marche. Cette colonne paſſa la digue de l'étang du
petit Quevi pour venir à la cenſe du Sars, & la laiſſant
à gauche, elle côtoïa le bois de Scarbion. Elle paſſa enſuite le ruiſſeau pour aller au vieux Reng, qu'elle tint
à droite; de là elle traverſa le chemin qui va de Maubeuge à Merbe-Potterie, & paſſa la rivière ſur le pont
au-deſſous de Jumont, qui étoit le plus voiſin de ce village, d'où elle ſe rendit à ſon camp.

L'aîle gauche fit la colonne de la droite, & fut pré-
cédée de l'artillerie. Cette colonne paſſa près de Goig-
nies-Cauchi, & le laiſſant à gauche, elle alla à Villers-
Meſ-

Meffire-Nicol, où elle traverfa le ruiffeau. Elle continua fa marche entre le bois de l'Hermitage & le grand
Reng pour aller à l'orme au-deffus de Jumont, & paffa
la rivière fur les ponts, que l'on avoit faits au-deffus de
ce village, pour fe rendre à la droite du camp, où fut
fon pofte.

Les équipages précéderent la marche de chaque colonne. Outre le détachement ordinaire pour leur fûreté, on envoia plufieurs pelotons d'infanterie & de cavalerie fur la gauche de la marche, depuis la Trouille jufqu'à la Sambre, pour veiller fur Charleroi.

Les troupes camperent fur deux lignes; la gauche
fut appuiée au ruiffeau de la Thur, près de Solre fur
Sambre; la droite à Marpent, Jumont à dos du centre, & la Sambre derrière le camp.

M. de Luxembourg y fut joint par les troupes de M.
de Gournay, qui étoient campées entre le ruiffeau de
la Thur & celui de Hantes.

Le 25. l'artillerie s'avança au village de Hantes, à
une demi-lieuë plus loin que le camp de M. de Gournay, & fur la route que l'armée devoit tenir le lendemain. Les troupes étant fatiguées des marches qu'elles
avoient faites, M. de Luxembourg leur permit de féjourner deux jours à Jumont. La Cour fut affez mécontente
du fecond féjour, parce qu'il retardoit la jonction qui
devoit fe faire avec celles de M. de Boufflers auprès de
Florennes.

Le 26. l'armée partit pour aller à Bouffu, près de
Walcourt.

La

1690.
JUIN.
Marche
de Ju-
mont à
Bouſſu.

La marche ſe fit ſur trois colonnes. Toute la cavalerie eut celle de la gauche; l'aîle droite paſſa derrière
le camp de l'infanterie pour ſuivre la marche de l'aîle
gauche. Cette colonne traverſa le ruiſſeau de la Thur
près de Solre ſur Sambre, & celui de Hantes ſur le
pont de ce village, qu'elle laiſſa à droite pour aller à
travers de la plaine à la cenſe de Tapefeſſe. De là elle
prit le chemin de Donſtienne qu'elle laiſſa à gauche,
& le moulin à droite, auſſi-bien que Caſtillon, pour ſe
rendre entre Bouſſu & Slenrien, où fut le camp.

La cavalerie, qui avoit fait l'aîle gauche au camp
de Jumont, continua ſa marche, paſſant à la tête du
camp de l'infanterie pour venir à la droite de l'armée,
où étoit ſon poſte. Cette colonne couvrit la marche de
l'artillerie & des équipages du côté de Charleroi.

Les gros & menus équipages eurent la colonne du
milieu. Ils prirent le chemin de Colleretz à Solre ſur
Sambre, & lorſqu'ils arriverent près de ce village, ils
enfilerent à droite le chemin qu'avoit tenu l'artillerie pour traverſer les ruiſſeaux de Solre & de Hantes.
Ils laiſſerent ce village à gauche, paſſerent à la cenſe
d'Enſonpenne & à celle de la Loge, enſuite à Strées,
au moulin de Donſtienne, à Caſtillon, & de là au
camp.

La colonne de la droite fut pour l'infanterie, qui,
laiſſant les équipages à gauche, paſſa à l'Abbaye de
la Thur, & de là à Berchelies-l'Abbaye, d'où elle
ſuivit le chemin de Beaumont juſqu'à la cenſe du Pa-
ter. Elle laiſſa enſuite Beaumont à droite, paſſa près
du Viviers, & alla de là à la cenſe de Jettefeuille,
où

où elle rencontra le chemin de Beaumont à Boussu, qu'elle prit pour se rendre au camp.

Les troupes camperent sur deux lignes, la droite à Slenrieu, la gauche aiant derrière elle Boussu, où étoit le quartier général.

Le 27. l'armée alla camper à Gerpines.

La marche se fit sur trois colonnes. La cavalerie eut celle de la gauche; l'aîle droite, passant par les derrières de son camp & de celui de l'infanterie, vint prendre la tête de la marche. Cette colonne laissa Miertenen & Rosignies à droite, traversa la rivière d'Heure à Bierfée, d'où, tenant la cense de Gourdine à droite & Tarsienne à gauche, elle se rendit au camp. L'aîle droite marcha par l'intervalle qui séparoit la gauche de l'infanterie de l'aîle gauche, & se rendit à la droite, en passant devant la première ligne. Ces troupes couvrirent la marche des équipages & de l'artillerie du côté de Charleroi.

Marche de Boussu à Gerpines.

L'artillerie & les bagages formerent la colonne du centre. Ils laisserent Fontenelle à gauche, passerent à Pri, traverserent la rivière d'Heure pour prendre le chemin du pont des Diables, allerent ensuite à Sombezé, & de là se rendirent au camp.

L'infanterie eut la colonne de la droite. Elle alla passer à la forge de Battefer, tourna autour de Walcourt, & le laissant à gauche, elle continua sa marche entre le bois & le village de Cheftre pour aller à Leneff, d'où elle se rendit à la droite de son camp. L'armée campa sur deux lignes, la droite à Hensinelle, la gauche

près

près de Gerpines où fut le quartier général, le ruiſſeau, qui vient d'Henſin à Gerpines, vis-à-vis du camp.

On envoia pluſieurs détachemens d'infanterie dans les bois qui étoient ſur la marche de l'armée & du côté de Charleroi. La facilité, qu'avoient les ennemis de faire paſſer des troupes par cette place, obligeoit de prendre cette précaution, afin de n'être pas inquiété dans la marche. M. de Gournay avec vingt eſcadrons campa à Goignies.

M. de Waldeck, juſque-là tranquille ſur les mouvemens de M. de Luxembourg, détacha M. de Flodorf avec 22. eſcadrons qui faiſoient environ 3000. chevaux, pour s'avancer à Fleurus, & veiller depuis l'Orneau juſqu'à Charleroi ſur les détachemens qui chercheroient à paſſer la Sambre. Les ennemis avoient auſſi tiré de Namur des troupes pour garder les paſſages de la rivière depuis cette ville juſqu'à l'Orneau. Ils avoient occupé ſur la rive gauche les châteaux & autres poſtes capables de réſiſter à un coup de main, & avoient élevé quelques redoutes pour garder les gués.

Le 28. avant midi, M. de Rubantel vint camper à Metez avec le détachement de l'armée de M. de Boufflers & 30. piéces de canon.

M. de Luxembourg fit camper ce Corps ſéparément de ſon armée, afin de faciliter ſa marche & d'ôter aux ennemis la connoiſſance de ſes forces. Informé par des eſpions que M. de Waldeck ſe tenoit à Traſegnies ſur le Piéton, & que le Prince de Naſſau avec onze Régimens de cavalerie étoit dans des quartiers aux environs du

Ma-

Mazi & de l'Abbaye de Gemblours, il ne voulut pas 1690.
différer davantage l'exécution du projet, formé de por- JUIN.
ter l'armée du Roi au-delà de la Sambre. Il étoit ex-
trêmement important de cacher à l'un & à l'autre la
marche de l'armée pour se rendre sur cette rivière, &
il n'étoit pas moins nécessaire d'être bien instruit des
mouvemens que feroit M. de Waldeck, afin de ne pas
s'engager dans un passage de ponts & de défilés, assez
difficiles à franchir s'il étoit en état de s'y opposer.

M. de Luxembourg, voulant tromper également la
vigilance des espions que les ennemis pouvoient avoir
auprès de lui, & celle des plus prévoians qu'il eût dans
son armée, envoia ce même jour trois détachemens du
côté de Charleroi & de Chastelet, sous prétexte d'y ou-
vrir des routes, & répandit le bruit qu'il y feroit marcher
ses troupes. Il donna en même tems des ordres particuliers aux Commandans de ces détachemens d'arrêter tout
ce qui iroit à Charleroi, & de s'opposer aux partis qui
sortiroient de cette place pour venir le reconnoître.
Cette précaution empêcha les ennemis d'être avertis de
la marche qu'il fit le lendemain. Il comptoit qu'arrivant sur les bords de la Sambre sans y être attendu, il
pourroit la passer assez promptement pour surprendre
le Prince de Nassau, & esperoit que le Corps de cavalerie, qu'il commandoit, ne se retireroit pas sans être
entamé. Pour cet effet, M. de Luxembourg entreprit
de passer la rivière entre Froidmont & Moustiers, dans
un endroit où le Prince de Nassau, quand même il en
auroit été averti, n'eût pû avec sa cavalerie seule empêcher la construction, ni le débouché des ponts. La rive

Tome I. E gau-

gauche eſt une vaſte prairie, tellement dominée par la hauteur qui ſe trouve ſur la rive droite, qu'il eſt facile d'écarter de là à coups de canon ceux qui voudroient ſe préſenter ſur la rivière, & s'en approcher pour la défendre.

La nuit du 28. au 29. M. de Luxembourg prit les Grenadiers, les Dragons de ſon armée & la Gendarmerie, avec leſquels il ſe rendit à Metez. Il ſe fit ſuivre des pontons, de quelques Brigades d'artillerie, du détachement de M. de Rubantel, & marcha toute la nuit pour arriver à Ham ſur Sambre, pendant que M. de Gournay de ſon côté s'y rendoit avec ſa cavalerie.

Marche de Gerpines, de Goignies & de Metez à Ham ſur Sambre.

La marche ſe fit ſur deux colonnes. M. de Luxembourg, qui avoit celle de la droite, alla à Boſſiers, paſſa entre le bois du Roi & la tour de Libine, laiſſa Foſſe & la cenſe de Tour-Aviſé à gauche, & par la Trouée du Chat ſe rendit à Ham ſur Sambre.

M. de Gournay eut la colonne de la gauche. Il partit de Goignies avec ſes troupes, paſſa à Sart-Haſtache, à Vitrivaux, & enſuite à Surmont, où il prit le chemin de Ham ſur Sambre. Toutes ces troupes y arrivèrent le 29. au matin, & le même jour l'armée y marcha ſur trois colonnes.

Celle de la droite fut pour toute l'infanterie, qui, partant du camp, alla paſſer à Bienne-Colonnoiſe, à Boſſiers & à Metez, d'où elle ſuivit la marche des troupes de M. de Rubantel qui étoient parties pendant la nuit.

La ſeconde colonne fut pour l'artillerie & les bagages

ges de l'armée, lesquels, en fortant du camp, allerent 1690.
paffer à Goignies, d'où ils marcherent fur les traces des JUIN.
troupes de M. de Gournay.

La troifième colonne fut pour toute la cavalerie.
Elle alla de fon camp à Villers-Potterie, enfuite à Pres-
le qu'elle laiffa à gauche, & paffa entre Clamenforge
& Faliolle pour fe rendre à Ham fur Sambre. Les Fufiliers marcherent avec l'artillerie, & les bagages eurent
leur efcorte ordinaire.

M. de Luxembourg, qui avoit pris les devants avec
fes Dragons & quelques Régimens de cavalerie des
troupes de M. de Rubantel, arriva fur la Sambre vers
les dix heures du matin. Comme la marche des pontons & de l'artillerie avoit été retardée par les mauvais
chemins, & que fon infanterie n'étoit pas encore arrivée, il fit attaquer par des Dragons deux redoutes qui
étoient fur le bord de la rivière de Sambre vis-à-vis de
Froidmont, & dans lefquelles il y avoit peu de monde. Les Dragons de Pompone, auxquels fe joignirent beaucoup de cavaliers du *Régiment de Furftem-*
berg, s'en emparerent après avoir paffé la rivière,
partie à gué, partie à la nage. M. le Duc de Choifeuil alla auffitôt avec quelques efcadrons inveftir le
château de Froidmont qu'occupoient les ennemis, &
paffa la Sambre de la même façon que les premières
troupes. Il s'oppofa d'abord à quelques détachemens
des ennemis qui parurent dans les bois, & qui vou-
loient, ou fe jetter dans Froidmont, ou aider la garnifon à fe retirer. Par-là il donna le tems aux Grena-

diers

diers d'arriver & de paſſer la rivière dans un bâteau qui ſe trouva près de ce château, qu'ils acheverent d'inveſtir.

Les canons & les pontons n'arriverent qu'à trois heures après midi. On jetta incontinent deux ponts ſur la rivière près des redoutes dont on s'étoit emparé. Pendant ce tems-là, on dreſſa quelques piéces de canon contre le château de Froidmont. Cent dragons Eſpagnols, qui le défendoient, ſe rendirent à diſcrétion, après avoir eſſuïé dix à douze volées de canon.

M. de Gournay avec vingt eſcadrons paſſa auſſitôt la Sambre, & ſe porta juſqu'au défilé du Mazi. Six bataillons, la Gendarmerie & deux Régimens de Dragons défilerent ſur les ponts juſqu'à la nuit, & furent placés le long de l'Orneau. (A) L'armée campa à Ham ſur Sambre, (B) & y paſſa la nuit.

Le Prince de Naſſau avoit levé ſes quartiers le 29. au matin pour aller joindre M. de Waldeck, ne ſe doutant pas de la marche de l'armée du Roi, dont il n'avoit eu aucun avis. Les ennemis avoient même ſi peu compté ſur ſon arrivée, que les chevaux des cent Dragons, qui gardoient le château de Froidmont, étoient à la pâture quand les premières troupes de l'armée du Roi parurent ſur la hauteur de Ham.

M. de Luxembourg, n'aiant pû combattre M. de Naſſau, & ne trouvant pas le terrein aux environs de Froidmont & de Mouſtiers avantageux pour ſon armée, ne voulut pas qu'elle y paſſât la Sambre. Cet inconvénient n'étoit pas le ſeul qu'il eût à prévoir & à prévenir entre l'Orneau & Namur. M. de Waldeck
dif-

différoit d'agir contre l'armée du Roi, jusqu'à ce qu'il
fût joint par les troupes de Liége & de Brandebourg, ou qu'elles fuffent à portée de faire une puiffante diverfion. En s'approchant de M. de Luxembourg entre l'Orneau & Namur, il pouvoit mettre l'Orneau devant lui, placer fa droite près de la Sambre, & empêcher par cette fituation les deux armées d'en venir à une affaire générale. D'ailleurs M. de Waldeck n'auroit eu qu'à jetter des ponts fur la Sambre près d'Aveloi & faire paffer des troupes à l'autre rive, pour inquiéter de ce côté-là les convois qu'on étoit obligé de tirer de Dinant & de Philippeville. Joint à cela que les troupes de Liége, qui étoient prêtes à entrer en campagne, n'auroient pas manqué de s'avancer à Namur, d'où il étoit facile de troubler la communication de l'armée du Roi avec fes places.

De plus il n'eft pas douteux que les fortes efcortes, que M. de Luxembourg fe feroit vû contraint de donner à fes vivres, l'euffent expofé à ruiner fes troupes en peu de tems. Il eft vrai que pour y obvier, & que dans la fuppofition qu'il lui conviendroit, ou qu'il feroit néceffaire de tenir long-tems fon armée au-delà de la Sambre, il avoit projetté d'établir des fours à Foffe & d'y faire voiturer des farines.

Mais quand même il eût trouvé dans cet endroit la fûreté néceffaire pour l'établiffement & le tranfport de fes vivres, il n'auroit pas moins été obligé, malgré cette facilité, de repaffer bientôt la Sambre, foit à caufe de la difette des fubfiftances pour fa cavalerie dans un pays rempli de bois, ou par rapport à la difficulté qu'il eût éprouvée

E 3   vée

vée dans fes fourrages, qui euffent été fans ceffe harcelés par les troupes de Liége & de Namur , & par celles de Brandebourg qui n'auroient pas tardé à s'y joindre.

M. de Luxembourg, ne voulant pas faire paffer la Sambre à fon armée entre l'Orneau & Namur, ne pouvoit la porter au-delà de cette rivière que pour la faire camper entre l'Orneau & Charleroi. Il étoit à préfumer que M. de Waldeck feroit tous fes efforts pour s'y oppofer. Il y alloit de fa gloire de ne rien négliger pour couvrir ce pays, afin de s'en réferver les fubfiftances, de s'épargner les reproches des Alliés en général & le blâme de fes troupes & des Etats-Généraux en particulier, qui lui avoient confié une armée capable de le mettre en fûreté. Cette partie, rélativement aux projets de leurs opérations, les intéreffoit autant que la confervation de leur propre pays. D'ailleurs, comme le paffage de la Sambre entre l'Orneau & Charleroi laiffoit à M. de Luxembourg la liberté de s'étendre dans le pays autant qu'il le jugeroit néceffaire pour fes fourrages, & de pouffer les contributions jufqu'aux portes de Louvain, M. de Waldeck ne pouvoit négliger de s'y oppofer, fans laiffer prendre à l'armée du Roi un air de fupériorité, capable d'influer pendant toute la campagne fur le fuccès des évenemens. Cette conduite n'eût pas auffi manqué de répandre dans les troupes des Alliés un efprit de défiance & de crainte, & d'infpirer à celles du Roi une hardieffe & une confiance, qui font toujours les préfages de la victoire.

Selon toutes ces raifons, il étoit vraifemblable que M. de Waldeck marcheroit, fur la première nouvelle du

pafpassage de la Sambre, pour combattre M. de Luxembourg. Le débouché des ponts, & les défilés qui sont près de la rivière, devoient naturellement retarder la marche de l'armée du Roi. Le détachement, que M. de Flodorf avoit auprès de Fleurus, pouvoit aussi l'arrêter quelque tems, & donnoit à M. de Waldeck l'espérance, ou de pouvoir la combattre avant qu'elle fût toute passée, ou de la trouver dans une disposition peu favorable pour la bataille.

M. de Luxembourg, qui étendoit ses vûes sur la campagne entière, voioit que le seul moien de remplir son objet & celui de la Cour étoit de profiter de la division des ennemis pour les attaquer séparément, & que s'il y avoit un moment favorable de combattre M. de Waldeck, c'étoit celui où il n'avoit d'autres troupes que les siennes, & où celles de M. de Luxembourg & de M. de Boufflers pouvoient agir ensemble sans aucun inconvénient. Il pouvoit même éclôre dans la suite de la campagne des évenemens qui, rendant une bataille nécessaire, eussent fait regretter à M. de Luxembourg la perte de cette occasion, parce qu'après la jonction des troupes de Brandebourg & de Liége avec les Hollandois, le succès d'un combat eût été aussi douteux que difficile.

M. de Luxembourg, aiant appris que l'armée ennemie étoit tranquille dans son camp de Trasegnies le 29. à midi, prévit que le passage de la sienne se feroit avec sûreté; il résolut de suivre son projet.

M. de Waldeck avoit négligé le plus sûr & le seul moien d'ôter à M. de Luxembourg celui de passer la Sambre entre l'Orneau & Charleroi. C'étoit de placer
M.

M. de Flodorf entre le Chaſtelet & cette place pour empêcher l'armée du Roi d'y ſurprendre le paſſage de la
rivière, de s'avancer lui-même avec le reſte de la ſienne
entre Fleurus & la Sambre, d'y veiller par des détachemens depuis le Chaſtelet juſqu'à l'Orneau, & d'envoier
à Charleroi des partis pour être informé de tous les
mouvemens que feroit l'armée Françoiſe.

Le 30. de grand matin on donna les ordres de
rompre les ponts qui avoient été conſtruits la veille au-
deſſous de Froidmont, & de les établir au-deſſus de
la chûte de l'Orneau vis-à-vis de Jemeppe. M. le Duc
du Maine étoit chargé de ce travail, & de faire défiler les troupes avec toute la diligence poſſible, afin de
s'avancer aux endroits dont on lui donneroit connoiſſance.

M. de Luxembourg, voulant examiner les chemins
que-tiendroient les troupes au débouché des ponts &
reconnoître le pays par lui-même, fit paſſer l'Orneau
à celles qu'il avoit, & manda à M. de Gournay d'en
faire autant avec ſa cavalerie, & de diriger ſa marche
ſur Velaines, en prenant par les hauteurs entre la Sambre & le ruiſſeau qui vient de Saint-Martin ſe jetter
dans l'Orneau. Il lui fit dire auſſi de détacher pluſieurs
troupes de cavalerie ſur la route de Jemeppe à Velaines, afin de conſerver entre eux une communication li-
bre, & de pouvoir ſe concerter avec plus de promptitude. Il paſſa en même tems ſur le pont de Jemeppe
avec dix eſcadrons, ſavoir ſix de Dragons & quatre de
la Gendarmerie, & ordonna un autre pont pour l'infanterie qui avoit paſſé la Sambre dès la veille. Il ſe fit

pré-

précéder par M. de Cheladet, Lieutenant-Colonel, 1690.
qu'il détacha devant lui avec 200. chevaux. JUIN.

M. de Cheladet, aiant marché par une troüée qu'il
falloit paſſer pour aller à Velaines, apperçut quatre à
cinq petites troupes des ennemis (C). Il en donna avis
à M. de Luxembourg, qui s'avança avec trois eſcadrons
de Dragons, laiſſant en arrière le reſte de ſes troupes
qui le ſuivoient, & qui étoient retardées par la difficulté des chemins. Ces premières troupes des ennemis
ſe retirerent à ſon approche & repaſſerent un défilé,
qu'elles avoient derrière elles, pour aller rejoindre leur
gros. Après les avoir pouſſées, on commença à décou-
vrir le Corps de cavalerie que commandoit M. de Flodorf, qui, craignant d'avoir à faire à toute l'armée du
Roi, s'étoit mis en bataille ſur deux lignes (D), & ſe
retiroit en bon ordre. M. de Cheladet, ſoutenu par des
Dragons, le ſuivit à vûe, & s'approcha de tems à
autre aſſez près de ces petites troupes détachées qu'il
avoit d'abord pouſſées, & qui reſtoient en arrière du
gros de la cavalerie ennemie.

M. de Flodorf prenoit ſa marche du côté d'Heppeni, laiſſant Fleurus à droite. Il s'arrêta avant que de
repaſſer le défilé qu'il avoit derrière lui; de ſorte que M.
de Cheladet eut le loiſir de reconnoître que ce Corps é-
toit ſeul, & que d'aucun côté il ne paroiſſoit des troupes
pour le ſoutenir. M. de Luxembourg avoit averti M.
le Duc du Maine de faire avancer promptement la cavalerie, & avoit envoié dire à M. de Gournay de faire
le plus de diligence qu'il lui ſeroit poſſible. La Gendarmerie & les Dragons étant arrivés pendant que M.

Tome I.   F   de

de Flodorf se trouvoit encore dans la plaine, M. de Luxembourg s'approcha du ruisseau de Velaines & du défilé qu'il avoit devant lui. M. le Duc du Maine l'aiant joint ensuite avec sept escadrons, il passa le ruisseau & mit sa cavalerie en bataille sur une seule ligne. Dès que la cavalerie du Roi s'approcha des ennemis, ils se remirent en marche & repasserent le ruisseau qu'ils avoient derrière eux. Ils s'arrêterent après l'avoir passé, & firent une seconde halte (E), aiant sur la hauteur vis-à-vis d'eux les petites troupes, qui dans leur retraite étoient restées en arrière. M. de Luxembourg les suivit, & remarqua en eux l'embarras & le peu d'assûrance qu'il y a presque toujours dans des troupes qui ne sont occupées que du soin de se retirer & d'éviter une action. Il s'avança fort près du ruisseau qu'ils venoient de repasser, & comme il vit paroître la tête de la cavalerie de M. de Gournay, il crut que M. de Flodorf prendroit l'arrivée de ces troupes pour celle de la tête de l'armée du Roi, & que dans cette crainte la cavalerie ennemie ne rendroit qu'un foible combat. Il resta encore pendant quelque tems dans cette position, afin de pouvoir se servir de la cavalerie de M. de Gournay, si elle lui étoit nécessaire. Il remarqua ensuite deux petites troupes de l'autre côté de Fleurus, qui paroissoient se retirer ; il ordonna à M. de Cheladet de fondre sur elles, & de lui amener des prisonniers. Comme il craignoit que toute la cavalerie ennemie ne s'éloignât sans combattre, le terrein ne lui paroissant nulle part desavantageux pour aller à la charge, il prit le parti de la faire sonner, d'ordonner qu'on levât

vât les étendards qu'il avoit recommandé jufque-là de
tenir baiffés, & fit en même tems ébranler fa cavalerie
pour attaquer les ennemis. Elle alla à la charge avec
tant d'ardeur, qu'après les avoir fait plier, elle s'emporta inconfidérément à la pourfuite. Quelques efcadrons allerent donner dans dix-huit à vingt troupes des ennemis (F), qui avoient été détachées de
leur armée pour foutenir M. de Flodorf; d'autres pafferent bien au-delà, mais les uns & les autres revinrent fort
en defordre. Les dix-huit à vingt troupes des ennemis
pouvoient faire huit à dix efcadrons, dont une partie
fe détacha fur les troupes du Roi, & les auroit pouffées
fort loin à fon tour, ne fut que M. de Luxembourg
retint deux efcadrons de la Gendarmerie & un autre de
cavalerie, qui foutinrent les efforts des ennemis & donnerent le tems à une partie de fes Dragons & de fa cavalerie de fe rallier. On en forma d'abord une feconde
ligne derrière les trois premiers efcadrons, & enfuite
une troifième derrière la feconde. M. de Gournay com-
mençant alors à s'approcher, les ennemis craignirent
de s'engager plus avant. Ils refterent quelque tems
affez près les uns des autres, jufqu'à ce qu'ils prirent
le parti de la retraite. M. de Luxembourg favoit que
l'armée ennemie étoit peu éloignée, il fit repaffer
le ruiffeau à fes troupes, fatisfait de l'avantage qu'il
avoit eu de mettre en fuite le détachement de M. de
Flodorf, qui reçut un échec affez confidérable. On
fe retira au pas. La première ligne paffa alternative-
ment dans les intervalles des deux autres, qui pendant
ce tems-là faifoient face aux ennemis. On leur prit

1690.
JUIN.

Combat
de cava-
lerie.

cent

1690. cent foixante hommes, & ils perdirent plufieurs Officiers
JUIN. de diftinction.

Pendant ce tems-là M. le Prince de Waldeck étoit en
pleine marche, & déjà la tête de fon armée arrivoit à
Heppeni. Il étoit parti de Trafegnies le 29. à cinq heures
du foir, comme s'il avoit d'abord eu deffein de camper à
Montigni fur Sambre; mais il avoit enfuite repris fur fa
gauche pour s'approcher de l'armée du Roi. Quand il
vit le défordre de fa cavalerie, il rangea fon armée
en bataille entre Heppeni & Wanglée (L), avança fur
le foir fa gauche entre Wanglée & Saint-Amand, &
paffa la nuit dans cette pofition.

M. de Luxembourg avoit ordonné qu'on mît l'infanterie en bataille à mefure qu'elle paffèroit les ponts,
& qu'on la fît avancer (G) avec celle qui défiloit fur
l'Orneau pour foutenir la cavalerie. Toutes fes troupes arriverent de bonne heure au camp de Velaines, &
camperent fur deux lignes (H), la gauche près d'un ra-
vin qui va fe perdre dans la Sambre, la droite tirant
vers le château de Milmont. Le quartier général fut à
Velaines. Douze bataillons (J) fous les ordres de M.
de Rubantel, une partie de l'artillerie & les gros équipages de l'armée, (K) avec des troupes détachées pour
leur efcorte, allerent à Aveloi, où l'on remonta pendant la nuit les deux ponts qui avoient été faits la veille près de l'Orneau.

M. de Luxembourg paffa la fin de la journée à reconnoître les ennemis, & tint pendant la nuit des détachemens en campagne pour les obferver & pour lui
rendre compte de leurs mouvemens.

Le

Le lendemain, premier de Juillet, étant retourné à
la pointe du jour examiner leur difposition, il la trouva
propre à les combattre. Auffitôt il envoia ordre de retirer tous les bagages au-delà de la Sambre à Aveloi
(B), où le jour précédent on avoit laiffé les gros équipages, & manda à M. de Rubantel de joindre l'armée
avec fes troupes & fon artillerie.

Les ennemis avoient paffé la nuit du 30. Juin au
premier Juillet en bataille fur deux lignes (K). Leur
droite avoit été avancée fur la hauteur qui eft entre
Heppeni & Vangenies, leur gauche étoit appuiée à des
châteaux & des villages, & au ruiffeau qui coule de Wanglée à Saint-Amand. Fleurus étoit vis-à-vis d'eux, mais
trop éloigné pour qu'ils l'occupaffent; ils avoient mis des
bataillons entiers & des détachemens dans les villages
à leur gauche, & garni de troupes la cenfe des Moines
qu'ils avoient en face. Leur artillerie (4) étoit placée
avantageufement, & ils avoient devant leur front deux
ruiffeaux, dont l'un, fortant de Vangenies, & l'autre
de Wanglée, vont fe joindre à Saint-Amand. Il leur étoit
arrivé quelques troupes pendant la nuit, dont ils avoient
formé une troifième ligne qui leur fervoit de réferve.

L'armée du Roi s'avança fur cinq colonnes (C) pour
fe mettre en bataille entre Velaines & Fleurus. Les
deux de la gauche furent pour l'aîle gauche de cavalerie & la gauche d'infanterie, les deux de la droite pour
l'aîle droite & la droite d'infanterie: l'artillerie eut celle
du milieu. Toute l'armée arriva à huit heures du matin dans la plaine, où on la mit auffi-tôt en bataille (D).
Comme la gauche étoit le point d'appui fur lequel les

F 3
au-

autres troupes devoient doubler, afin de s'étendre sur la droite, l'aîle gauche se forma la première sur deux lignes, aiant devant sa droite le village de Fleurus. L'infanterie remplissoit le terrein entre l'aîle gauche & le village de Ligni; toute l'aîle droite étoit en colonne (D) entre ce village, & celui de Boignies par lequel elle avoit pris sa marche. Il y avoit avec cette cavalerie cinq bataillons & neuf pièces de canon.

L'infanterie étoit en bataille à six de hauteur, & la cavalerie à trois; les piquiers étoient au centre des bataillons. M. de Luxembourg avoit réglé qu'entre chaque bataillon il y auroit un intervalle égal au front qu'il occupoit, & qu'excepté les occasions où on seroit obligé de décider le combat par le feu, l'infanterie Françoise, conservant le sien, marcheroit à celle des ennemis pour la joindre.

L'armée du Roi devoit être de 40. bataillons & de 80. escadrons, compris trois bataillons qui étoient restés à Dinant pour escorter un convoi qu'on devoit en tirer dans peu de jours, & qui ne joignirent qu'après la bataille. Les forces étoient égales en infanterie de part & d'autre; mais M. de Waldeck avoit moins de cavalerie que M. de Luxembourg.

Le flanc gauche des ennemis étoit assûré par le ruisseau & le village auxquels ils étoit appuié. M. de Luxembourg s'en apperçut; mais par là connoissance qu'il avoit du pays, il crut qu'il pourroit les tourner & les attaquer par derrière en même tems qu'il les combattroit de front. Ce projet devoit les obliger à changer leur disposition, & le terrein, dans lequel il vouloit

1690. JUILLET.

loit agir, étoit propre pour fa cavalerie. Comme il
étoit néceſſaire, pour y réuſſir, de faire prendre à ſa
droite un grand détour, & de dérober aux ennemis la
connoiſſance de ſa marche, il ſongea à leur donner de
l'attention ſur tout leur front, ſans ſe commettre, juſqu'à ce que ſa droite pût entrer en action.

M. de Waldeck avoit négligé d'avoir au-delà de ſa
gauche des troupes détachées pour l'informer des mouvemens que l'armée du Roi pourroit faire pour la
tourner. Il avoit pris le parti de s'arrêter & de recevoir la bataille entre Wanglée & Heppeni, au-lieu
de s'avancer contre l'armée du Roi & de l'attaquer s'il
la croioit plus foible que la ſienne, ou de s'en éloigner
pendant la nuit s'il la croioit plus forte. La lenteur &
l'indéciſion avoient juſque-là caractériſé toutes ſes démarches. Ces raiſons, & le peu de précaution qu'il
avoit pris au-delà de ſa gauche, rendoient moins dan-
gereux, & en même tems déciſif pour le ſuccès de la
bataille, le mouvement que M. de Luxembourg projettoit de faire faire à ſon aîle droite (a). Avant de
l'exé-

(a) M. de Feuquieres prétend que ce fut l'aîle gauche de M. de Luxembourg, commandée par M. de Gournay, qui exécuta ce mouvement; il
fait auſſi mention d'un gros Corps d'infanterie que M. de Waldeck avoit mal
à propos placé dans le village de Ligni, & qu'il ne put retirer après la défaite de ſa cavalerie. Il eſt très vraiſemblable que M. de Feuquieres, qui
ſervoit pendant cette campagne en Piémont, étoit mal inſtruit de ce qui ſe
paſſoit en Flandre; car ſon recit eſt entiérement oppoſé à toutes les Lettres, Mémoires & Rélations dignes de foi qui parlent de la bataille de
Fleurus. Pour ſe fixer à quelque choſe de certain, on peut s'en rappor-
ter à M. de Guiſcard, Officier-Général eſtimé, qui, après avoir examiné
avec attention tout le champ de bataille, la poſition des ennemis, celle de
l'armée du Roi, & le détour que M. de Luxembourg fit prendre à ſon aîle
droite, écrivit à M. de Louvois, peu de jours après l'action, pour lui en
rendre compte. Sa lettre marque expreſſément que le mouvement, dont il
eſt

l'exécuter, il fit occuper Fleurus par six bataillons, &
difpofa le refte de fon infanterie près du ruiffeau qui
vient de ce village à Ligni (E.) M. de Gournay, qui
commandoit la cavalerie de l'aîle gauche, la fit avancer à la droite & à la gauche de Fleurus. Il eut de
M. de Luxembourg ordre de fe mettre à portée de
charger la droite des ennemis dans le moment où il lui
feroit favoir qu'il pourroit fondre fur leur gauche.

M. de Rubantel, qui commandoit l'infanterie, devoit
attaquer le centre des ennemis dans le même tems.

Les troupes s'avancerent aux différens endroits qui
leur étoient affignés, & dès qu'elles eurent pris pofte,
elles commencerent à effuier le feu de l'artillerie ennemie. M. du Metz, pour y répondre, fit mettre en
trois batteries, depuis le chemin qui étoit au-deffus de
Fleurus jufque vis-à-vis les haies du village de Saint-
Amand, 30. piéces de canon deftinées pour la gauche
(*bbbb*). Cette artillerie marcha à la tête des troupes,
jufqu'à ce qu'elles fuffent prêtes à entrer en action.

Jufque-là tout fembloit annoncer aux ennemis qu'ils al-
loient être attaqués par leur front. M. de Luxembourg
faifit ce moment pour précipiter la marche de fon
aîle droite. Elle paffa le ruiffeau de Ligni fur deux ponts
que l'on conftruifit dans ce village, & s'avança jufqu'à
l'arbre des trois Burettes fur la grande chauffée (F). On
ne

eft queftion, fut fait contre l'aîle gauche des ennemis; & bien loin de re-
procher à M. de Waldeck d'avoir mis beaucoup d'infanterie dans le village de Ligni, il le blâme de n'avoir point eu de détachement près de ce
village pour l'avertir des mouvemens que l'armée du Roi pouvoit faire
par fa droite.

ne put y ranger la cavalerie de manière qu'elle avançât
de front, à caufe d'un marais qui fe trouva devant elle.
La première ligne le laiffa à droite, la feconde à gauche, & elles hâterent leur marche pour fe mettre en bataille (I).

Jufqu'alors M. de Waldeck avoit été occupé des troupes qu'il avoit devant lui, & qu'il voioit s'avancer (H)
pour l'attaquer.   Il n'eut que fort tard connoiffance de
la marche qui fe faifoit loin de lui, & qui étoit favori-
fée par la hauteur des bleds.   Dès qu'il en fut averti,
il fongea à s'oppofer aux troupes qui marchoient pour
l'envelopper.   Il ordonna à la gauche de la feconde ligne de fe mettre en bataille entre Wanglée & la cenfe
de Cheffeau (L), & détacha fa réferve (m) pour la
foutenir.

M. de Luxembourg, en mettant fa cavalerie en bataille, donna la droite à mener à M. le Duc du Maine,
& la gauche à M. le Duc de Choifeuil.   Comme il remarqua que les ennemis avoient de l'infanterie entre-
mêlée parmi leur cavalerie, il plaça auffi trois bataillons
& cinq piéces de canon (C) dans fa première ligne, &
mit les deux autres bataillons, qu'il avoit amenés, avec
quatre piéces de canon à fa droite pour prendre pofte à
la cenfe de Cheffeau.   Trois efcadrons, qui étoient en
réferve, eurent ordre de couvrir le flanc de ces deux
bataillons quand ils fortiroient des haies, qu'ils avoient
devant eux, pour entrer dans la plaine.

Depuis le village de Saint-Amand jufqu'à la gauche de
l'aîle droite de l'armée du Roi il fe trouvoit un grand vuide,
que l'on remplit en tirant de la feconde ligne d'infanterie

Tome I.   G   neuf

neuf bataillons, qui furent placés vis-à-vis la cenſe des
Moines, & qu'on étendit juſqu'à Wanglée (G). Ce
mouvement ſe fit pendant qu'on achevoit celui de l'aîle
droite. Ils traverſerent le ruiſſeau ſur le pont du château de Ligni, & on établit devant eux trente piéces
de canon pour foüetter tout à la fois les poſtes qu'occupoient les ennemis & battre toutes les troupes de
leur gauche.

Ces diſpoſitions étant finies, on attaqua la cavalerie
de la gauche des ennemis. Inférieure en nombre, &
intimidée par la ſituation critique de l'armée entière,
elle fut aiſément rompue. L'infanterie, qui combat-
toit parmi cette cavalerie, n'eut pas un meilleur ſort;
elle fut toute diſſipée, ou détruite. Quelques bataillons
de l'armée du Roi ſortirent en même tems des haies de
Wanglée pour ſe joindre à l'aîle droite ; ce qui donna moïen de reſſerrer davantage les troupes ennemies
qu'on avoit rejettées dans les villages.

Peu de tems avant l'action, M. de Luxembourg a-
voit envoié ordre à M. de Gournay & à M. de Rubantel d'attaquer la droite & le centre des ennemis.

M. de Rubantel, aiant pris poſte au village de Saint-
Amand, pouſſa l'infanterie entre ce village & celui de Fleurus. M. de Gournay de ſon côté fit ſortir
celle, qui étoit dans ce dernier village, & la rangea
dans les haies de Vangenies (O). En étendant cette
infanterie ſur la gauche, il remplit l'intervalle, qu'il
y avoit entre elle & les troupes de M. de Rubantel,
par la cavalerie placée à la droite de Fleurus. Celle,
que

que M. de Tilladet commandoit à la gauche de ce village, forma une feconde ligne derrière elle.

Dès que M. de Gournay crut devoir attaquer la droite des ennemis, il paffa le ruiffeau de Vangenies à la
tête de fa cavalerie, & s'avança dans la plaine (N) Le
feu des bataillons ennemis, & de leur artillerie avantageufement placée, fit perdre beaucoup d'hommes & de
chevaux aux troupes du Roi. M. de Gournay fut tué;
le defordre fe mit dans fes troupes; elles plierent &
repafferent le ruiffeau.

M. de Rubantel avoit fait en même tems avancer de
l'infanterie pour feconder les efforts de M. de Gournay;
mais le mauvais fuccès de la charge de la cavalerie empêcha les troupes de M. de Rubantel de fe foutenir dans
la plaine. Elles furent obligées de fe retirer dans les
haies de Saint-Amand.

M. de Waldeck, voiant la fupériorité qu'il avoit en
cet endroit, détacha de fon aîle droite la cavalerie qui
y formoit la feconde ligne (B), afin d'aller au fecours
de fa gauche qui étoit fort maltraitée. Le defordre y
étoit fi grand, qu'il ne put tenter de repouffer le centre & la gauche de l'armée du Roi. D'ailleurs, fuppofé
qu'il les eût fait plier, il s'y trouvoit encore beaucoup
de troupes entières & en ordre, qui même faciliterent
le ralliement de celles qui avoient combattu.

M. de Luxembourg, après avoir défait l'aîle gauche
des ennemis, ordonna à M. le Duc du Maine de re-
mettre en bataille autant de cavalerie qu'il étoit poffible, & de s'étendre fur la droite à mefure qu'il s'avanceroit, afin de déborder le front des troupes que M. de

G 2

Wal-

Waldeck voudroit lui oppofer. Celles des ennemis, qui s'étoient jettées dans les villages lors de la défaite de leur aîle gauche, effaïerent d'en fortir & de rétablir le combat ; mais aiant toujours été repouffées, M. de Luxembourg fit avancer fon aîle droite (A) pour attaquer de nouveau les ennemis, & décider entiérement le fuccès de cette journée.

Le centre & la gauche de l'armée du Roi, n'aiant point été pourfuivis, s'étoient ralliés (C). Ils fe préparoient à retourner à la charge, lorfque M. de Waldeck, défefperant de pouvoir rétablir la bataille, prit le parti de faire retirer fes troupes (D). M. de Tilladet, qui, depuis la mort de M. de Gournay, commandoit l'aîle gauche, aiant culbuté quelque cavalerie que les ennemis avoient laiffée devant lui pour favorifer leur retraite, joignit M. de Luxembourg. Ce fut alors que les troupes des ennemis, qui s'étoient retirées dans les châteaux & les villages, fe trouverent entiérement feparées de leur armée & abandonnées à elles-mêmes.

M. de Luxembourg les fit inveftir, & ne s'amufa pas à les forcer. Il voioit le gros de l'infanterie ennemie, au nombre de 14. bataillons, fe retirer lentement & en ordre (E); aiant de la cavalerie à fa droite & à fa gauche. Il craignit que derrière ces troupes il ne s'en ralliât de nouvelles, il ordonna qu'on attaquât leur cavalerie, qui fut auffi-tôt défaite. L'infanterie forma un quarré pour fe défendre, & ne voulut entendre à aucune compofition. M. de Luxembourg attendit la fienne & fon canon pendant quelque tems. Il laiffa

des

des intervalles dans la ligne d'infanterie qu'il forma
contre les ennemis, afin que fa cavalerie (F) pût les
charger conjointement, & profiter du moindre jour
qu'ils laifferoient entre eux. Ils foutinrent la première
charge avec fermeté, mais enfuite quelques bataillons
aiant perdu de leur terrein, tout ce Corps fut diffipé.
Une partie fe jetta dans les haies de Saint-Fiacre, & fe
rendit à difcrétion; le refte fut pourfuivi jufqu'à Melinge (G), & fe fauva dans les bois de tous côtés.

On remit l'armée en bataille auffitôt après la retraite de celle des ennemis. Ils s'en allerent, partie à Charleroi, dont le Gouverneur leur fit fermer les portes, partie
à Nivelle, où M. de Waldeck trouva M. de Vaudemont
qui venoit le joindre avec un détachement de l'armée
de M. de Caftanaga. Ils y refterent pendant deux heures, rallierent quelques fuiards, & fe rendirent à Bruxelles. On différa jufqu'au lendemain à attaquer les
troupes qui étoient reftées dans le château de Saint-A-
mand, dans les villages & les cenfes qui l'environnent,
elles fe rendirent à difcrétion.

Le génie de M. de Luxembourg fut l'ame de cette
grande journée. Le projet, conçu avec hardieffe, étoit
fondé fur une parfaite connoiffance des talens & des
défauts du Général qui lui étoit oppofé. Aucun des
moïens, qui devoient en rendre l'exécution heureufe,
ne fut négligé, ni omis. Tout fut prévû avant la bataille; en un mot l'action fut conduite avec l'art & l'in-
trépidité capables d'en décider le fuccès.

Le jour de la bataille, l'armée du Roi campa fur
deux lignes, la droite à Fleurus, la gauche vers Saint-

G 3 Fia-

Fiacre. Le lendemain elle retourna à Velaines, où elle reprit son premier camp.

On fit monter assez généralement la perte des Alliés à six mille hommes tués ou hors de combat, & à mille prisonniers, ou à peu près. Celle, que fit l'armée du Roi, fut de trois à quatre mille hommes tués, ou blessés (*a*).

On envoia à Dinant & à Philippeville les prisonniers faits sur les ennemis. Le 6. de Juillet l'armée marcha à Farcienne, tant à cause de la rareté des fourrages aux environs du camp de Velaines, que pour la commodité des vivres, qu'il y étoit plus facile de charier.

Marche
de Velaines à Farcienne.

La marche se fit sur trois colonnes. La cavalerie & l'infanterie de la gauche eurent celle de la droite. Ces troupes, en partant de leur camp, laissèrent Fleurus à droite pour aller à travers champs à la cense de Fontenelle. De là elles tinrent les Wanages à gauche, & marcherent par la grande voie pour se rendre au camp.

La seconde colonne fut pour l'artillerie & tous les équipages de l'armée. Elle alla passer à Wanneferfée, où elle prit le grand chemin des Wanages, & les laissant à droite, elle suivit le chemin qui mene au pont de Loup, & se rendit au camp.

La

(*a*) Les principaux Officiers, que le Roi perdit dans cette action, furent M. de Gournay, Lieutenant-Général; M. du Metz, commandant l'artillerie; M. des Cures, Maréchal-des-Logis de l'armée; Messieurs de Saulx, de Bertillac, de Soyecourt & de Meuler, Colonels, tués. Messieurs de Vivans, Maréchal-de-Camp; de Ximenès, de Castries & d'Alegre, Brigadiers; de Cailus, le Comte de Nassau, Bolen, Stoup, de Bouzole & de Roucy, Colonels, y furent blessés.

La troifième colonne fut pour la cavalerie & l'infanterie de la droite, qui, marchant par les derrières du camp & laiffant Wanneferfée à droite, prit le chemin qui defcend à la Sambre, & fe rendit à la droite du camp. L'armée campa fur deux lignes, le château de Farcienne derrière la droite, la gauche près de Chaftelet, & la Sambre derrière le camp.

La Cour, qui avoit été promptement informée du détachement que M. de Caftanaga avoit fait avant la bataille pour aller joindre M. de Waldeck, avoit donné ordre à M. le Maréchal d'Humieres de chercher l'occafion d'attaquer les Efpagnols qui dévoient aller camper à Gavre. Pour cet effet, & fur la nouvelle qu'il étoit forti de Mons des troupes pour Oudenarde, M. de la Valette avoit envoié à Tournai quatre bataillons qu'il avoit auprès de Condé. Mais la Cour, fatisfaite de l'avantage que M. de Luxembourg venoit de remporter fur les ennemis, défendit à M. le Maréchal d'Humieres de rien entreprendre. Elle s'occupa d'abord des moiens de recueillir les fruits de cette victoire, qui changeoit entièrement fur la frontière l'état de la guerre. Faifant attention aux différens fiéges qui pouvoient la fuivre, elle fe propofa ceux de Namur, de Charleroi, de Mons & d'Ath. La prife de ces deux dernières places lui parut impoffible, par la raifon qu'une partie de l'infanterie ennemie devoit s'y être retirée après la bataille. L'inondation de Charleroi en rendoit l'inveftiffement fort difficile. Elle défiroit la conquête de Namur, où il n'y avoit que 3000. hommes
de

de garnifon ; mais la féparation des quartiers, la précaution que prirent les ennemis d'y faire entrer de la cavalerie qui étoit fur la Mehaigne, la facilité qu'avoient
les troupes de Brandebourg de marcher des deux côtés
de la Meufe & de joindre par Hui M. de Waldeck, fans
compter les préparatifs immenfes, néceffaires pour une
pareille entreprife, porterent M. de Luxembourg à rejetter cette propofition. Cependant, dans le cas où il
eût été poffible d'attaquer Namur, la Cour s'en remet-
toit entiérement à lui ; le laiffoit maître de difpofer des
troupes que commandoient M. le Maréchal d'Humieres
& M. de Boufflers, & lui permettoit de les réunir à fon
armée, s'il le jugeoit à propos.

M. le Maréchal d'Humieres avoit fous lui 30. efcadrons & 12. bataillons, M. de Boufflers commandoit 29.
efcadrons ; ainfi, en laiffant le Corps de M. de la Valette
aux Lignes, M. de Luxembourg fe feroit vû à la tête de
52. bataillons & de 139. efcadrons.

La perte des ennemis ne donnoit pas une fupériorité à l'armée du Roi, mais une égalité de forces dont
elle pouvoit fe promettre de garantir la frontière pendant cette campagne, de fubfifter aux dépens du pays
ennemi & d'en tirer de groffes contributions.

Les effets & les fuites de la victoire, quoique réels,
ne pouvoient fe faire fentir d'une façon éclatante, fans
donner lieu à de nouveaux évenemens. A quelque place qu'on fe fût attaché, les ennemis auroient pris le parti
de donner une feconde bataille pour la fauver, parce que,
fuppofé qu'ils la perdiffent, au pis aller il ne pouvoit
leur arriver que de laiffer prendre la place à l'armée du
Roi,

Roi, & que fi le hazard vouloit qu'ils la gagnaffent, les chofes revenoient à leur premier état. Cependant comme la victoire donne toujours un grand afcendant aux vainqueurs fur les vaincus, M. de Luxembourg fouhaitoit qu'on s'en prévalût pour former quelque entreprife. Son fentiment étoit d'affiéger Ath, parce qu'en prenant cette place pendant la campagne, & Charleroi au commencement de la campagne fuivante, on en retireroit des avantages confidérables pour faire la guerre en Flandre. En mettant le fiége devant Ath, on auroit eu la facilité de fecourir les Lignes, & après l'avoir prife, l'armée les eût protégées par tous les mouvemens qu'elle auroit pû faire, foit fur la Dendre jufqu'à Aloft, ou fur la Senne jufqu'auprès de Bruxelles.

M. de Luxembourg jugeoit néceffaire que M. de Boufflers prévint à Ath les troupes de Brandebourg, & moïennant cette précaution, il comptoit réuffir à prendre cette place.

En s'emparant de Charleroi après Ath, on auroit facilité à l'armée les marches de la Dendre à la Sambre & jufqu'auprès de Namur par deux routes différentes & également courtes, l'une au-deffous & l'autre au-deffus de Mons. Joint à cela qu'en établiffant des fours & des magafins à Charleroi, l'armée auroit pû s'avancer jufque fur la Dyle, porter la défolation dans le pays ennemi, & obliger les Alliés de tenir de fortes garnifons dans Mons & Namur. Le moindre avantage eût affûré la conquête de l'une de ces deux places.

Pendant que la Cour & le Général fe communiquoient leurs projets, les troupes de Brandebourg s'ap-

Tome I. H pro-

prochoient de la Meufe, & celles de Liége, fous les
ordres de M. de 't Serclas, marchoient pour joindre
M. de Waldeck. On doutoit de l'endroit où les troupes de Saxe & de Bavière devoient agir ; on croioit
qu'elles paſſeroient le Rhin à Mayence, & qu'elles marcheroient fur la Mofelle. On n'étoit pas plus certain
ſi les troupes de Brandebourg viendroient en Flandre,
ou ſi elles iroient ſe réunir à celles de Saxe & de Bavière. Cette incertitude obligeoit la Cour de veiller
fur cette partie de la frontière avec attention ; & comme il pouvoit arriver que M. de Boufflers fût obligé
d'y marcher avec toutes les troupes qui lui avoient d'a-
bord été deſtinées , elle réſolut de ne rien entreprendre, malgré le grand délabrement où ſe trouvoit l'armée Hollandoiſe.

M. de Boufflers, reprenant ſes troupes & reſtant fur
la Meuſe , devoit obſerver celles de Brandebourg , &
aſſûrer ſa jonction avec M. de Luxembourg de façon
à pouvoir toujours lui donner des ſecours & en recevoir.

Quant à ſa marche fur la Mofelle, la Cour veilloit
fur cette partie de la frontière pour qu'il y arrivât
quand il feroit néceſſaire. Si les ennemis y formoient
une armée conſidérable , M. de Boufflers devoit être
fortifié par des troupes de l'armée d'Allemagne.

Peu de jours après la bataille, M. de Caſtanaga aiant
marché à Gavre, M. le Maréchal d'Humieres s'avança
fur l'Eſcaut avec les troupes qu'il commandoit. Il campa à Awelghem pour l'obſerver ; ce qui n'empêcha pas
les Anglois, qui avoient été juſque-là avec M. de Caſ-
ta-

tanaga, d'aller joindre M. de Waldeck près de Bruxel- 1690.
les. Les Etats-Généraux, afin de rétablir leur armée, JUIL-
tirerent auſſi de leurs places quinze bataillons qui n'a- LET.
voient pas encore ſervi en campagne, & qui furent rem-
placés par ceux qui avoient été les plus maltraités à
Fleurus.

Le 9. de Juillet, M. le Duc de Choiſeüil & M. de
Montrevel furent détachés avec 200. chevaux pour faire une courſe juſqu'à Tirlemont & au fauxbourg de
Louvain; ce qui obligea le pays de ſatisfaire aux contributions qui lui avoient été impoſées.

M. de Luxembourg, tranquille par l'éloignement
des troupes ennemies qui ſe raſſembloient à Vilvorde,
n'avoit d'autre objet, juſqu'à leur jonction, que celui
de choiſir des poſitions d'où il pût prévenir les Alliés
réunis, ſoit aux Lignes, ou ſur la Sambre, s'il leur
prenoit envie d'y revenir. Sachant que M. de Waldeck avoit été renforcé, il voulut ſe placer entre M. de
Boufflers & les Lignes pour être également à portée de
l'un & de l'autre. Dans cette vûe il fit marcher ſon
armée ſur l'Haiſne. Le 16. il envoia 14. bataillons &
33. eſcadrons à M. de Boufflers, & décampa le 17.
pour ſe rendre à Trafegnies ſur le Piéton.

La marche ſe fit ſur quatre colonnes. La première Marche
fut pour l'aîle droite, qui de ſon camp alla droit aux cienne à
Wanages par des ouvertures que l'on avoit pratiquées Trafeg-
dans le bois de Saint-François. En approchant des Wa- nies.
nages, elle les laiſſa à gauche & Fleurus à droite pour
aller à Vangenies. De là elle continua ſa marche par

H 2 l'herl'hermitage Saint-Fiacre & Melinge, prit la chauffée de Brunehault qu'elle fuivit, paffa enfuite le ruiffeau du Piéton au Blanc-cheval, d'où elle fe rendit à la cenfe du Couriau, & de là à la gauche du camp, où fut fon pofte.

La feconde colonne fut pour tous les équipages & l'artillerie. Celle-ci, qui étoit parquée au-deffus de Chaffelineau, prit la large voïe, marcha droit aux Wanages, de là à Ranfart, & enfuite à Goffelier. Elle paffa le Piéton au moulin de la Ferté, & continua fa marche par Courcelle pour fe rendre dans la plaine de Trafegnies, où fut le camp.

La troifième colonne fut pour toute l'infanterie. Chaque ligne défila par fa gauche; la première eut la tête de la marche. Cette colonne, laiffant l'Abbaye de Saint-François à gauche, fuivit le chemin qui va droit à Jumée, traverfa le bois de Ranfart, paffa le Piéton pour aller au Prieuré de Sart-le-Moine & au château de Rianvelz, d'où, mettant Courcelle à fa droite, elle paffa à Forfies pour entrer dans la plaine du camp.

La quatrième colonne fut pour l'aîle gauche. Elle alla droit à Gilli; de là à la Bourlotte, paffa le Piéton au village du Roux, & continua fa marche par le Sart du Hainaut, d'où elle fe rendit à la droite du camp, où fut fon pofte.

La colonne de la gauche veilla fur Charleroi, jufqu'à ce que l'infanterie & les bagages euffent paffé le Piéton.

L'armée campa fur deux lignes, la droite près du village du Piéton qu'elle avoit derrière elle, la gauche

près

près de Goui, le ruisseau du Piéton derrière le camp, Trasegnies pour quartier général.

Le 18. l'armée alla camper aux Eſtinnes.

La marche ſe fit ſur quatre colonnes; celle de la droite fut pour la cavalerie qui avoit eu la gauche à Goui. Cette colonne vint paſſer à la chapelle à Her-laimont, de là au Prieuré de Montaigu, & enſuite à Merlanwelz, où elle ſuivit le chemin qui mene à Ta-priau. De là elle alla à Brai, où elle paſſa le ruiſſeau des Eſtinnes, & ſe rendit à la droite du camp, où fut ſon poſte. Cette colonne couvrit la marche des équi-pages & de l'artillerie contre les partis qui auroient pû être détachés de l'armée ennemie.

La ſeconde colonne fut pour l'artillerie & tous les équipages. Elle marcha au moulin du Piéton; de là el-le reprit le chemin de la chauſſée & vint à la Gratines, ſuivit cette route pour prendre celle qui va de Car-nieres au Gravier de Peronne, où elle traverſa le ruiſ-ſeau de Beinch, & pouſſant outre à travers champs, elle vint paſſer le ruiſſeau aux baſſes Eſtinnes, où étoit le camp.

La troiſième colonne fut pour toute l'infanterie, qui alla paſſer au village du Piéton, & enſuite à Carnieres, d'où elle entra dans la plaine pour aller joindre la gran-de chauſſée qu'elle ſuivit, laiſſant Beinch à gauche. De là elle paſſa ce ruiſſeau à la Juſtice, continua de ſuivre la chauſſée, traverſa le ruiſſeau des Eſtinnes à la

H 3 cha-

chapelle de Notre-Dame-de-Cambron, & arriva au centre du camp.

La quatrième colonne fut pour la cavalerie qui avoit eu la droite au camp de Trasegnies. En partant du camp, elle laissa le château de Marche à gauche & le Piéton à droite pour aller à Anderlu, où elle prit le chemin de Beinch qu'elle suivit. Elle tint Beinch à gauche, passa au pont à Bellion, marcha de là à la chapelle-du-Bon-Dieu-de-Cani, & entra dans la plaine pour enfiler le sentier qui va de Beinch aux hautes Estinnes, où elle traversa le ruisseau pour se rendre à la gauche du camp.

Les troupes camperent sur deux lignes, la droite près de Maurage, la gauche près d'Hauchain, le ruisseau des Estinnes derrière le camp.

Toutes les troupes allerent le 19. à Taisnieres.

Marche
des Estin-
nes à
Taisnie-
res.
La marche se fit sur trois colonnes. Celle de la droite fut pour toute la cavalerie ; l'aîle droite en eut la tête. Elle fut suivie de l'aîle gauche, qui passa derrière l'infanterie pour venir la joindre. Cette colonne alla droit à Villerelles-le-Sec, de là à Harmegnies, où elle passa la Trouille. Elle se porta ensuite à Harvent où elle traversa le ruisseau de Quevi, de là au moulin du Sart où elle prit le grand chemin de Mons à Bavai, & passa l'Honsneau à Hons, d'où elle entra dans la plaine du camp. L'aîle gauche traversa le camp entre la droite d'infanterie & l'aîle droite, & passant devant la premiè-

mière ligne, elle se rendit à la gauche du camp, où fut son poste.

La colonne du milieu fut pour toute l'infanterie, qui, en partant du camp, alla à travers champs au pont de pierre au-dessous de l'Eglise de Givries pour y passer la Trouille. De là elle continua sa marche par Havai & par le moulin du grand Quevi, marcha ensuite à Aulnoi, & laissant toujours l'artillerie à sa gauche, elle passa le ruisseau de Taisnieres près de l'Eglise, d'où elle se rendit à la gauche de son camp.

Les bagages & l'artillerie eurent la colonne de la gauche. Ils allerent joindre la chaussée qui mene à Bavai, laisserent Givries à droite, & passerent à Coignies-Cauchie. De là ils continuerent leur marche, le bois de Lagniere à gauche & Malplaquet à droite, pour passer le ruisseau au-dessus du village de Taisnieres, d'où ils entrerent dans le camp.

Les troupes camperent sur deux lignes. Hons fut derriere la droite, Sur-Hons derriere la gauche, Bavai à la tête & l'Honsneau à dos de l'armée. On établit le quartier général à Taisnieres.

En y arrivant, M. de Luxembourg reçut des ordres de la Cour d'envoier à Charlemont cinq bataillons & huit escadrons. Ce détachement, commandé par M. d'Usson, partit le lendemain pour s'y rendre. Le motif de ces ordres étoit que la Cour avoit dessein de mettre M. de Boufflers en état de faire tête aux troupes de Brandebourg, qui, étant arrivées sur la Meuse près de Viset presque en même tems que l'armée du Roi étoit

par-

partie de Farcienne, faifoient douter, par leur féjour fur la rive droite de cette rivière, fi elles marcheroient fur la frontière de Champagne, ou fi elles iroient joindre M. de Waldeck.

M. de Luxembourg fe détermina pour plufieurs raifons à venir camper à Taifnieres. Il n'avoit pas trouvé entre Quiévrain & Mons de camp commode, & qui ne fût féparé par quelque bois ou ruiffeau, outre que fes troupes ne pouvoient marcher en un jour des Eftinnes à Quiévrain, fans être épuifées de fatigue. Il avoit auffi remarqué que dans la marche de Pomereuil à Quevi fon armée avoit été obligée de s'approcher trop près de Mons, à caufe de la difficulté de paffer les ruiffeaux qui s'y rendent. Tous ces inconvéniens lui firent préferer le camp de Taifnieres. Cependant comme il ne vouloit féjourner fur les terres de France que le moins qu'il feroit poffible il fit partir l'armée pour Quiévrain après un jour de repos.

Marche
de Taifnie-
res à Quié-
vrain.
La marche fe fit fur trois colonnes. Celle de la droite fut pour toute la cavalerie; l'aîle droite eut la tête de la marche. Elle paffa le ruiffeau à Hons; l'aîle gauche à Taifnieres, & elles fe joignirent au-deffus de Hons pour prendre le chemin du grand Blangies. De là elles allerent à Wiheries, d'où elles fe rendirent à la droite du camp. L'aîle gauche continua fa marche, paffant devant la première ligne pour aller prendre fon pofte à la gauche de l'armée.

La feconde colonne fut pour toute l'infanterie, qui tourna autour du camp de l'aîle droite pour venir paffer

le

le ruiffeau à Hergies. De là elle alla à Fayt-le-Franc, enfuite à Attiche, d'où, laiffant Audregnies à gauche, elle fe rendit à la droite de fon camp.

La troifième colonne fut pour l'artillerie & tous les équipages. Elle alla prendre la chauffée qui va de Bavai au pont à Haifne, laiffa Belegnies à droite, Onnefies à gauche, & paffa le ruiffeau d'Audregnies au-deffous du village pour fe rendre au camp.

L'armée campa fur deux lignes, la droite aiant Audregnies derrière elle, la gauche couvrant Quiévrain, où l'on mit le quartier général.

Les troupes y refterent quatorze jours & y furent fort tranquilles, en attendant la jonction des troupes ennemies & le parti qu'elles avoient à prendre. On reçut dans ce camp la nouvelle du mauvais fuccès de la bataille de la Boine en Irlande, qui décida du fort de l'Angleterre en faveur du Prince d'Orange. Ce fut pour la Cour un nouveau motif de defirer que la campagne en Flandre fe paffât fans évenement.

La Cour avoit d'abord réfolu que l'armée s'avanceroit à Leffines à deffein d'obliger M. de Caftanaga de quitter Gavre; mais voiant que les troupes de Brandebourg d'un côté, les Efpagnols & les Hannovriens de l'autre, pouvoient marcher à Bruxelles & s'approcher de l'armée du Roi avant que M. de Boufflers pût la joindre, elle fut d'avis que M. de Luxembourg refteroit entre l'Haifne & la Sambre pour fe régler fur ce que voudroient faire les ennemis.

Les troupes de Brandebourg, après avoir paffé la

Meuſe à Viſet, avoient marché à Tongres & enſuite à Warem, d'où elles étoient parties le 28. Juillet pour aller à Wavre. M. de Waldeck de ſon côté, aiant été joint par les troupes de Liége, s'étoit auſſi mis en marche pour Leefdal près de Louvain, afin d'accélerer ſa jonction avec l'Electeur de Brandebourg.

Cette marche avoit engagé M. de Boufflers à paſſer la Meuſe pour ſe rapprocher de la Sambre. Il vint le 31. camper à l'Abbaye de Haumont près de Maubeuge, d'où il pouvoit joindre M. de Luxembourg avec autant de promptitude que de ſûreté.

Les ennemis augmenterent les fours qu'ils avoient à Mons & à Ath, & y firent entrer beaucoup de farine. Le bruit général dans leur armée & dans le pays étoit qu'ils devoient ſe rapprocher de Mons. Comme la campagne n'étoit point aſſez avancée pour empêcher qu'on ne profitât des avantages qu'une armée pourroit prendre ſur l'autre, on croioit de part & d'autre qu'après la jonction de tant de troupes, les Alliés chercheroient l'occaſion de livrer une ſeconde bataille. On diſoit même que c'étoit dans cette vûe qu'ils devoient s'avancer à Mons.

Ils pouvoient prendre ce parti, ou choiſir de marcher ſur l'Eſcaut, ou enfin ſe partager pour aller de ces deux côtés tout à la fois.

Quoique depuis le mauvais ſuccès des affaires d'Irlande, la Cour eût lieu de deſirer que la campagne ſe paſſât ſans combat, elle ne vouloit cependant faire aucune démarche qui pût diminuer la réputation des armes du Roi. Ainſi, ſuppoſé que les ennemis vinſſent à Mons
pour

pour tomber enfuite fur M. de Luxembourg, elle enten-
doit qu'au-lieu de s'avancer vers les places ennemies, il
cherchât des pofitions où les Alliés ne puffent entreprendre fur lui qu'avec beaucoup de defavantage. Il
devoit ménager fa jonction avec M. de Boufflers de façon que fi les ennemis lui livroient bataille, l'armée de
M. de Boufflers & la fienne combattiffent conjointement. Il falloit en même tems qu'il fût affez vigilant
& attentif à leurs démarches pour renvoier M. de Boufflers fur la Meufe, afin de s'oppofer aux troupes de
Brandebourg fi elles y dirigeoient leur marche.

Les ennemis pouvoient fe porter au-de-là de la Sambre, ou s'approcher de cette rivière fans la paffer. M.
de Waldeck & l'Electeur de Brandebourg pouvoient y
marcher fans autres troupes que les leurs, ou n'y aller
qu'après avoir été joints par les Hannovriens & les Efpagnols.

Arrivoit-il que les ennemis traverfaffent la Sambre,
M. de Luxembourg devoit la paffer & les fuivre. Se
contentoient-ils de s'en approcher, la Cour defiroit
qu'il s'avançât fur la *Trouille*, & prît garde de camper toujours avantageufement, en cas qu'il fût dans la
néceffité d'engager le combat.

Si les Hannovriens & les Efpagnols joignoient M. de
Waldeck, M. le Maréchal d'Humieres avoit ordre de détacher 10. bataillons & 27. efcadrons, qui, entre Mortagne & Condé, feroient à portée de fortifier M. de Luxembourg & de rentrer dans les Lignes.

Au-lieu de marcher à Mons, ou fur la Sambre, M.
de Waldeck pouvoit préferer d'aller fur la Dendre &

enfui

enfuite fur l'Efcaut, fe faire fuivre par l'Electeur de Brandebourg, ou s'en féparer.

Pour réfifter à M. de Waldeck & donner du fecours
aux Lignes, M. de Luxembourg comptoit s'approcher
de Tournai, camper au Mont de la Trinité, jetter des
ponts au-deffous de la ville pour les troupes, & faire
paffer les bagages dans la place, afin de fe rendre plus
promptement à Efpierre.

Si l'Electeur de Brandebourg marchoit à la fuite de M.
de Waldeck, M. de Boufflers avoit à fuivre M. de Luxembourg.

Tels étoient les ordres de la Cour, telles les vûes du
Général pour déconcerter les mefures que pouvoient
prendre les ennemis.

Leurs Généraux n'avoient aucun projet fixe; ils é-
toient tous d'avis différent. On favoit feulement que M.
de Waldeck ne vouloit point aller fur l'Efcaut. M. de
Luxembourg, qui fe régloit la-deffus, alla reconnoître
exactement le pays pour y choifir des poftes, confor-
mes aux intentions de la Cour, & fit marcher le 5. Août
son armée à Hons, où M. de Boufflers étoit averti de
le joindre.

La marche fe fit fur trois colonnes; l'aîle droite &
la droite d'infanterie eurent celle de la gauche. L'infanterie marcha entre les deux lignes de cavalerie. Cette
colonne alla paffer à Wicheries qu'elle laiffa à gauche,
de là au grand Blangies, d'où elle fuivit le chemin de
Taifnieres pour fe rendre au camp.

La colonne du milieu fut pour l'artillerie & tous les
équi-

équipages de l'armée. Elle marcha à travers champs en 1690.
droiture à Attiche, mit Audregnies à droite, pouffa AOUT.
jufqu'à Fayt, & laiffant Herquenne du même côté,
elle fe rendit au camp.

La colonne de la droite fut pour la gauche d'infanterie & de cavalerie. Elle alla à Audregnies, de là à
Attiche, & fe rendit par la gauche de Fayt à Herquenne, où étoit fon camp.

L'armée campa fur deux lignes, aiant l'Honfneau
derrière elle ; la gauche fe replioit en potence depuis
Herquenne jufqu'à l'Honfneau, où elle étoit appuiée.

M. de Boufflers y arriva le même jour avec fes troupes. Comme les Hannovriens avoient quitté M. de
Caftanaga pour marcher à Bruxelles, M. le Maréchal
d'Humieres détacha auffi 10. bataillons & 27. efcadrons
à Mortagne; mais M. de Luxembourg les lui renvoia
promptement fur un avis, quoique faux, que ces mêmes troupes revenoient fur l'Efcaut, fuivies d'un détachement de celles de M. de Waldeck. La cavalerie,
qui étoit aux ordres de M. de Rivarolles, fe rendit à
Efpierre. L'infanterie, commandée par M. de Vaubecourt, refta à Tournai, & ne joignit M. de Luxembourg que quand il eut paffé l'Haifne pour entrer dans
le pays ennemi.

La Cour étoit inquiéte fur ce qui regardoit les Lignes lorfqu'on en retiroit des troupes pour les porter ailleurs. Afin d'être deformais plus tranquille de ce côté-
là, elle ordonna à M. le Maréchal d'Humieres de tirer
des garnifons, depuis l'Efcaut jufqu'à la mer, fix ba-

I 3   tail-

taillons & fix efcadrons dont la plus grande partie n'a-
voit pas encore campé jufqu'alors. Ces troupes devoient
remplacer celles qui étoient deftinées pour M. de Luxembourg.

L'armée du Roi avoit ou confommé, ou enlevé les
fourrages entre Mons & l'Honfneau pour en former
des magafins. Cette raifon, qui empêchoit les ennemis
d'y prendre pofte, donnoit lieu à M. de Luxembourg
de douter que laiffant Mons derrière eux, ils marchaf-
fent à lui pour l'attaquer. A tout évenement, il s'é-
toit propofé de placer fon armée à Rozin, derrière
l'Honfneau, & il penfoit que les ennemis n'ôferoient le
paffer. Il avoit auffi reconnu un camp à Goignies-
Cauchie, en cas qu'il fût néceffaire de s'avancer fur la
Trouille lorfque les Alliés fe feroient approchés de la
Sambre.

L'armée ennemie s'étoit avancée le 8. d'Août à Brai-
ne-Lalleu & à Bois-Seigneur-Ifaac. M. de Cheladet a-
voit été reconnoître leur camp, & cette pofition donnoit quelque inquiétude à M. de Luxembourg, parce que les ennemis pouvoient aifément lui dérober une
marche vers Ath. Il ne croioit pas qu'ils tournaffent
leurs forces du côté de la Sambre; il fondoit fon idée
fur plufieurs raifons; fur le peu de fourrages qu'ils y
trouveroient; fur l'intention de M. de Caftanaga, qui
defiroit qu'on effaiât de forcer les Lignes pour faire
contribuer le pays qu'elles mettoient à couvert; fur la
defunion qui regnoit parmi les Alliés, & qui les avoit
déterminés à n'entreprendre aucun fiége; enfin fur le
refus de M. de Waldeck, qui avoit dit hautement qu'il
ne

ne donneroit point de bataille que le Prince d'Orange 1690.
ne fût à la tête de l'armée. Tout cela induisoit M. <u>AOUT.</u>
de Luxembourg à penser que les Hannovriens, les Espagnols & les troupes de Brandebourg prendroient la
résolution de marcher sur l'Escaut plûtôt que sur la
Sambre, & que M. de Waldeck pourroit consentir à
les suivre. Il craignit qu'ils ne s'en approchassent a-
vant qu'il eût passé l'Haisne. Dans cette crainte il résolut de s'y avancer, & fit marcher son armée le 10.
à Hensies. Ce camp parut d'autant plus convenir à
ses desseins, qu'il y étoit à portée de prévenir les ennemis, de quelque côté qu'ils tournassent. Il se propo-
sa aussi, s'ils persistoient dans la résolution de ne pas
combattre, de s'avancer avec précaution, & d'aller en
avant autant qu'il seroit nécessaire pour les obliger de
manger leur pays, & de le ruiner par leur séjour.

Les troupes retournerent à Hensies par les mêmes rou- Marche
tes qu'elles avoient tenues en marchant de Quiévrain de Hons à
à Hons. La droite, qui fit la gauche dans le camp, Hensies.
aiant Quiévrain derrière elle, fut appüiée au ruisseau
qui vient d'Audregnies. La gauche fut mise près de
Thieulain. Le camp faisoit un coude dans le centre.

Pour couvrir la marche de Hons à Hensies du côté
de Mons, & pour assûrer un fourrage que l'armée devoit faire le même jour, M. de Luxembourg envoïa
M. de Locmaria avec 600. chevaux se poster le long
du ruisseau qui passe devant Hornu. Pendant la marche, il alla avec 200. Dragons & 100. Maîtres examiner

ner la difpofition de l'efcorte, prefcrire l'ordre dans les fourrages, & reconnoître les endroits par où une armée pouvoit s'approcher de fon nouveau camp.

M. le Maréchal d'Humieres avoit renvoié à Mortagne les 27. efcadrons qui, fous les ordres de M. de Rivarolles, étoient retournés aux Lignes ; ils joignirent enfuite l'armée à Henfies.

Le 18. Août les ennemis marcherent à Hall ; de forte que M. de Luxembourg ne craignit plus qu'ils lui furpriffent une marche. Le défaut des fourrages le décida à paffer l'Haifne le 19. & à marcher à Peruwez.

Marche
d'Henfies à
Peruwez.
La marche fe fit fur quatre colonnes. Celle de la droite fut pour la cavalerie qui avoit l'aîle gauche au camp d'Henfies. Cette colonne alla droit à Montreuil, paffa de là à un pont de bateaux qu'on avoit fait au-deffus du pont à Haifne, traverfa les prairies, paffa devant Pomereuil, & alla à Ville, où elle prit le chemin d'Eftanbruge. Laiffant enfuite Quévaucamp à gauche & Wadelencourt à droite, elle fe rendit à la droite du camp, où fut fon pofte.

La feconde colonne fut pour toute l'infanterie, qui alla paffer fur le pont qui étoit au-deffous & le plus près du pont à Haifne, fuivit la grande chauffée, & la laiffant à gauche, prit par des ouvertures, qu'on avoit faites, pour rejoindre le chemin de Grandglife. De là elle alla à Quévaucamp, & enfuite à Bafecles, où elle paffa le ruiffeau pour fe rendre à la droite de fon camp.

La troifième colonne fut pour l'artillerie & tous les

équi-

équipages de l'armée. Elle paffa à Harchies, enfuite
à Blaton, traverfa le ruiffeau de Bafecles fur un pont
de pierre qui eft au-deffus de Peruwez, & fe rendit
au camp.

La quatrième colonne fut pour la cavalerie qui a-
voit eu l'aîle droite dans ce camp. Elle alla par des
ouvertures, que l'on avoit faites à travers champs, gagner le pont fur l'Haifne qui étoit au-deffous de celui
de l'artillerie, & traverfant la plaine, elle paffa auprès du château d'Harchies. Elle continua fa marche à
travers champs, laiffant l'artillerie & les bois à fa droite, paffa au-deffous de Blaton, & marcha toujours à
travers champs jufqu'au mont de Bon-fecours, où elle
prit le chemin de Peruwez, qu'elle traverfa pour fe
rendre au camp.

L'armée campa fur deux lignes, la droite appuiée
au ruiffeau de Wadelencourt, la gauche vers Wihieres,
aiant Peruwez derrière elle, où étoit le quartier général. Le camp faifoit un coude entre l'aîle droite & la
droite d'infanterie; l'aîle gauche fe reploit en arrière
depuis le village de Roucou.

Avant que de paffer l'Haifne, M. de Pracontal fut
détaché avec neuf efcadrons fur l'Honfneau pour s'oppofer aux détachemens qui viendroient de Mons, ou de
l'armée ennemie, & qui voudroient pénétrer entre Maubeuge & Condé.

La Cour étoit inquiéte de la marche de quelques
troupes de l'Empire, qui, après avoir traverfé le Rhin
à Mayence, faifoient mine de s'avancer fur la Mofelle.

Tome I. K El.

Elle ordonna à M. de Boufflers de fe rendre à Metz
pour les obferver, & de fe faire fuivre par quatre bataillons & huit efcadrons, qui prirent leur route par
Condé, le Quefnoi, Avefnes, Rocroi, Charleville &
Sedan. Un détachement de l'artillerie fuivit ces troupes, qui pouvoient être augmentées de celles qui étoient
dans les garnifons voifines de la frontière de Luxembourg.

M. de Boufflers partit en pofte le 22., & le détachement, qui devoit fe rendre à Metz, fe mit en marche
le même jour.

M. de Luxembourg de fon côté, pour empêcher les
Alliés de fe partager & de détacher de leur armée des
troupes fur la Mofelle, jugea à propos de s'avancer à
Blicquy. Ce camp lui parut avantageux, tant pour
fes opérations que pour fes fourrages; il y fit marcher
fon armée le 23.

Marche
de Peru-
wez à
Blicquy.
La marche fe fit fur cinq colonnes. Celle de la droite fut pour l'afle droite, qui défila par fa gauche &
paffa à un pont de pierre au-deffus de Peruwez,
d'où elle reprit le chemin qui va de Condé à Ath. Elle laiffa Blaton à droite & Quévaucamp à gauche, continua fon chemin entre Ellignies & Sainte-Anne, & fe
rendit à la droite du camp, qui fut fon pofte.

La feconde colonne fut pour l'artillerie, qui traverfa le camp de l'afle droite pour venir paffer le ruiffeau à
Bafecles, d'où elle alla à Ellignies, & entra dans la
plaine du camp.

La troifième colonne fut pour toute l'infanterie, qui
mar-

marcha à Thumaïde, de là à Ramilly, d'où, tenant El-lignies à droite, elle se rendit à la droite de son camp.

La quatrième colonne fut pour tous les bagages de l'armée & pour le quartier général. Elle alla droit au bois de Bury, où elle prit le chemin de Tourpe, & de là celui de Blicquy, où étoit le camp.

La cinquième colonne fut pour l'aîle gauche, qui se porta en droiture à Ville-au-Puis, passa entre Leuse & Tourpe pour aller à la chapelle d'Amblequesne, de là à la Catoire, où elle traversa le ruisseau pour se rendre au camp.

L'armée campa sur deux lignes; la droite entre El-lignies & Sainte-Anne, la gauche au ruisseau de Ligne. Celui de la Catoire étoit derrière le camp, à la tête duquel il y avoit de grands bois & une trouée considérable.

L'armée y fut jointe par les dix bataillons qui campoient à Tournai.

M. de Luxembourg, aiant été informé, à son arrivée à Blicquy, que les ennemis devoient dans peu s'avancer à Cambron, voulut reconnoître ce camp & le fourrager avant qu'ils y arrivassent. Il envoia le 24. deux partis, l'un au petit Rœux au-delà de la Senne, l'autre au haut & bas Silli sur le chemin d'Enghien à Ath. Le 25. il marcha avec un détachement de 3000. chevaux, beaucoup d'infanterie & six piéces de canon, posta sa cavalerie sur les hauteurs vis-à-vis l'Abbaye du côté de l'armée des ennemis, & les Dragons le long de la lisière du bois, afin de couvrir 2500. hommes qui

K 2   tra-

travailloient à la démolition des murs qui formoient l'enceinte de cette grande Abbaye. On y fit aussi des fourneaux aux deux portes, qu'on vouloit détruire.

M. de Luxembourg, après avoir vû tout le monde au travail, alla avec six piéces de canon au château de Brugelet, qui refusoit de payer les contributions qu'on lui avoit demandées. Les payfans s'y étoient réfugiés comme dans un lieu à l'abri de la violence, ils fe rangerent à leur devoir auffi-tôt qu'ils apperçurent les troupes. Enfuite M. de Luxembourg revint avec M. le Duc du Maine examiner le travail & l'effet des Mines, dont une enleva toute la grande porte de l'Abbaye du côté de Bruxelles. On ne mit pas le feu à celle d'Ath, qui par fes débris auroit endommagé leur Eglife. La Communauté donna, pour fûreté de la démolition de cette porte, deux de fes Religieux, qui refterent en ôtage à l'armée, jufqu'à ce qu'elle fût entiérement démolie.

On fourragea en même tems toute l'enceinte que faifoient les troupes, placées d'intervalles en intervalles jufques au camp, éloigné de près de trois lieuës de là, afin que fi les ennemis entreprenoient d'interrompre l'ouvrage, on fût en état de maintenir ce que l'on avoit commencé. On fe retira fur le foir en très bon ordre par la troüée qui faifoit face au camp.

Peu de jours après, on eut avis que les Alliés méditoient de marcher à Leffines. M. de Luxembourg, incertain de la vérité de cette nouvelle, mais perfuadé qu'il lui étoit d'une grande conféquence de fe faifir de ce pofte, dépêcha la nuit du 28. au 29. un gros détachement de cavalerie, afin d'y prévenir les ennemis.

Tou-

Toute l'armée suivit le détachement à la pointe du jour, 1690.
& arriva à l'endroit vers les deux heures après midi.

La marche se fit sur trois colonnes; toute la ca- Marche
valerie eut celle de la droite. Cette colonne alla passer de Blicquy à
à Villers-Saint-Amand, laissa la cense de Membru à gau- Lessines.
che, marcha à Bouvignies, de là à Rebay, & mettant
l'hermitage de la Cavée à droite, elle passa au pont de
Trimpont, d'où elle se rendit à la droite du camp. L'aîle
gauche continua sa marche, en passant à la tête de l'aîle
droite & de l'infanterie, pour arriver à la gauche de
l'armée.

La seconde colonne fut pour toute l'infanterie, qui
défila par sa gauche & alla passer à Villers-Notre-Da-
me, de là à Membru, qu'elle laissa à droite pour suivre le chemin qui mene à Ostiche; puis mettant ce village à gauche & celui de Wannebecq à droite, elle se
rendit à la droite de son camp.

La troisième colonne fut pour l'artillerie & tous les
équipages de l'armée. Elle passa au pont de Ligne,
de là à Meaux, laissa Houtaing-le-neuf & la Ballière à
gauche, & continua sa marche par le moulin d'Oedeghien, d'où, tenant la Hamaïde à sa gauche & Ostiche
à sa droite, elle entra dans la plaine du camp.

Toutes les troupes resterent en bataille devant les
hauteurs d'Ath, afin de donner le tems à l'artillerie &
aux équipages de s'avancer du côté du camp; après
quoi, elles continuerent leur route pour y arriver.

L'armée campa sur deux lignes; la droite à Lessines, où étoit le quartier général; la gauche à la Ha-

maï-

maïde, le ruiſſeau d'Acrene devant le front, & Ath derrière l'armée.

Le 3. de Septembre les Alliés s'avancerent à Saint-Quentin-Lennicke & à Lombeeck, aiant Yſeringhe derrière eux. Les troupes d'Hannovre bordoient la Dendre, & campoient à la droite de Liekercke ; quartier de M. de Caſtanaga.

La poſition de l'armée du Roi à Leſſines obligeoit les ennemis de s'approcher de la Dendre, pour peu qu'ils vouluſſent empêcher M. de Luxembourg de fourrager & de faire contribuer le pays entre cette rivière & Bruxelles. Ils ne pouvoient marcher aux Lignes, à moins qu'ils ne priſſent un chemin beaucoup plus long que celui que l'armée du Roi avoit à faire pour s'y rendre. La proximité des lieux ne permettoit pas non plus qu'ils ſe ſéparaſſent pour aller ſur la Sambre, ſans courir riſque d'être battus les uns après les autres. D'ailleurs, ils n'avoient aucun avantage à s'y porter ; & s'ils s'éloignoient de M. de Luxembourg avant que d'y envoier des détachemens, il pouvoit de ſon côté en mettre de pareils à leurs trouſſes. Si, pour obliger l'armée du Roi de ſe retirer de Leſſines, les ennemis ſe fuſſent avancés à Leuſe, non ſeulement ils y auroient manqué de fourrage, ils auroient encore découvert tout le pays depuis Dendermonde juſqu'au Canal de Bruxelles.

Les convois venoient de Tournai à Eſpierre, y paſſoient l'Eſcaut & arrivoient à Leſſines. M. de Maulevrier, avec deux bataillons & douze eſcadrons des

trou-

troupes de M. le Maréchal d'Humieres, campoit à Pottes pour les assûrer.

M. de Luxembourg, satisfait de sa position, résolut d'y rester le plus long-tems qu'il lui seroit possible. Il ordonna qu'on démolît l'enceinte de Lessines, de Grammont & de Soignies, & fit enlever les Bourguemaîtres d'Enghien pour n'avoir pas rasé les murailles de leur ville, comme ils en étoient convenus. On empêchoit par-là que les Alliés n'y missent des troupes pendant l'hyver.

On poussa aussi un gros détachement à Ninove. Comme les ennemis avoient une tête avancée sur la Dendre, on se rendit maître d'un passage qui étoit fort près d'eux, & ils virent les troupes du Roi fourrager, sans qu'elles en eussent rien à craindre. Les habitans de cette ville s'étoient obligés à en démolir l'enceinte; elle fut rasée, & on tira de là, ainsi que de Lessines & de Grammont, beaucoup de grains pour la subsistance de l'armée. On s'apperçut que par le moïen des écluses, qui servent à arroser le pays depuis Ath jusqu'à Ninove, la Dendre formoit une barrière, derrière laquelle les ennemis pouvoient tenir des troupes pendant l'hyver. M. de Luxembourg les fit toutes rompre, sans que les ennemis jugeassent à propos de s'y opposer.

Il y avoit plus d'un mois que les troupes du Roi étoient dans ce camp. Le fourrage y devenoit très rare; ce qui obligeoit la cavalerie d'aller cinq à six lieuës en avant dans le pays ennemi. Pendant ce tems-là, les Alliés étoient sans cesse harcelés par les partis de l'armée du Roi, & souffroient beaucoup de la disette des four-

ra-

rages. On eut foin de maintenir les troupes dans une exacte difcipline, & malgré le long féjour qu'elles firent à Leffines, on y eut toujours des vivres en abondance.

Dans les premiers jours d'Octobre, les ennemis commencerent à faire défiler quelques troupes fur leurs derrières. Dans la crainte qu'elles ne tournaffent vers la Meufe, M. de Luxembourg détacha de ce côté-là fix bataillons & trois efcadrons aux ordres de M. d'Uffon. Conformément au fentiment de la Cour, ce détachement refta quelque tems fur l'Honfneau; après quoi, il fe rendit à Charlemont. M. d'Auger fut encore détaché avec 11. bataillons & 19. efcadrons pour affûrer d'autant plus cette partie, parce que M. de Luxembourg fe propofoit de cantonner fon armée au-delà de la Lys, jufqu'à ce qu'elle entrât dans fes quartiers d'hyver.

M. de Luxembourg fit la nuit du 7. au 8. d'Octobre un détachement confidérable de cavalerie, de Dragons & de Grenadiers, qui allerent mettre le feu aux fourrages que les ennemis avoient amaffés près des paliffades d'Ath.

Les payfans s'y étoient baraqués pour conferver leurs beftiaux & leurs grains. On les attaqua trois heures avant le jour; on enleva leurs beftiaux; on brûla tout ce qu'on ne put emporter. Le defordre y fut fi grand, que les foldats pourfuivirent les payfans jufque dans le chemin couvert.

Cette expédition, aiant été faite avec tout le fuccès & toute la promptitude qu'on pouvoit defirer, on fe retira en bon ordre.

Les

Les ennemis ne pouvoient plus rien entreprendre. Ils
n'attendoient, pour se séparer, que le moment que
l'armée du Roi eût repassé l'Escaut. Les troupes d'Hannovre & celles des autres Princes d'Allemagne devoient
aller hyverner dans leurs pays. Elles étoient extrême-
ment mécontentes de M. de Castanaga, qui n'oublioit
rien pour les retenir, & qui depuis long-tems les amu-
soit par des promesses.

M. de Luxembourg, qui, pour ménager ses troupes, jugeoit à propos de les faire cantonner, son-
gea à repasser l'Escaut. La nuit du 8. au 9. il ache-
va de ruiner toutes les écluses, en faisant sauter celle de
Lessines. Les fourneaux ne jouèrent qu'après que tous
les Officiers-Généraux de l'armée eurent fait sortir leurs
bagages de la ville; ce qui arriva le 9. au matin.

Les troupes allerent ce même jour à Anssureulle.

La marche se fit sur cinq colonnes; celle de la droite fut pour l'aîle gauche. Elle marcha d'abord en avant
& en bataille, afin de sortir plus promptement de son
camp, & de donner à l'artillerie & aux équipages la
facilité de se mettre en marche, sans les croiser. Cette
cavalerie se rangea ensuite en colonne, passa à Ogy, de
là à Flobecck, qu'elle laissa à droite pour arriver au
moulin du Sablon, ensuite à Renay, d'où elle alla passer la Ronne à la cense del Court, au-dessous de Waudripont, & se rendit à la droite du camp, qui fut son
poste.

Marche
de Lessi-
nes à Ans-
sureulle.

La seconde colonne fut pour l'artillerie & les équipages de l'armée. Elle alla droit à Ellezelles, de là à la

Tome I.   L   cha-

chapelle del-neuve-Trinité & à Renay qu'elle mit à droite. Elle marcha ensuite à travers champs, laissant la colonne de cavalerie à sa droite pour aller à Waudripont, où elle passa la Ronne, & se rendit au camp.

La troisième colonne fut pour la gauche de l'infanterie. Elle marcha au moulin de la Hamaïde, laissa le village à gauche, prit le chemin de Renay à Saint-Sauveur, passa par le Saut-du-Tour-de-Saint-Sauveur, alla de là à Dereniau, où elle passa la Ronne pour entrer dans le camp.

La quatrième colonne fut pour la droite d'infanterie, qui alla, à travers de la Hamaïde, prendre le chemin d'Anvain. Elle passa ensuite par Traîne-folle & la chapelle del-Bruyère, traversa la Ronne à Anvain, & marcha derrière le camp de l'aîle gauche pour arriver au sien.

La cinquième colonne fut pour l'aîle droite, qui vint passer à Oedeghien, de là à Buisenal, ensuite à Frasne & au château d'Anvain, où elle traversa la Ronne pour se rendre à la gauche du camp, qui fut son poste.

La colonne de la droite couvrit la marche des équipages du côté de Grammont.

L'armée campa sur deux lignes, la droite aiant Amougies derrière elle, la gauche étant près d'Aineres. Le camp faisoit un coude entre l'aîle droite & la droite de l'infanterie.

Les troupes y restèrent deux jours, pendant que M. le Comte de Guiche alla avec un détachement de 2500. hommes au pont à Laye, où l'artillerie arriva le 11.

On

On jetta fur l'Efcaut deux ponts de bateaux que l'on 1690.
avoit fait defcendre de Tournai, & un autre que l'on OCTO-
conftruifit un peu au-deffus avec les pontons. BRE.

L'armée y paffa le 12. de grand matin. Toute la
cavalerie continua fa route jufqu'à Harlebeck; l'infanterie refta au camp de Hauterive fous les ordres de
M. de Genlis.

La colonne de la droite fut pour l'aîle droite & la Marche
droite d'infanterie. Cette colonne fuivit le chemin d'Anffu-
qui mene le long des prairies, & laiffant la Ronne & reulle à
Harle-
Efcanaffe à droite, elle paffa au pont de bateaux qui beck.
étoit à la droite. De là la cavalerie prit par Hauterive,
Heftrud, Inghoyeghem, der Vichte & Derlick, d'où
elle fe rendit au camp, dont elle eut la gauche.

La feconde colonne fut pour tous les équipages de
l'armée. Elle fuivit le chemin qui va d'Anffureulle au
moulin des Aulnes. De là elle paffa l'Efcaut au pont
du milieu, d'où, laiffant Boffu à gauche, elle alla droit
à Monne, enfuite à Zuéveghem & à Harlebeck, où
étoit le camp.

La troifième colonne fut pour l'aîle gauche & la
gauche d'infanterie. Cette colonne, tenant le bois
de Cordes à gauche & Argues à droite, alla paffer à
Celles, de là à la place de Lannoy, d'où elle entra
dans la plaine de Pottes, & paffa l'Efcaut au pont de
la gauche. La cavalerie, prenant par Boffu & laiffant
Zuéveghem à droite, fuivit le chemin de Courtrai
qu'elle mit à fa gauche, & fe rendit à la droite du
camp, où fut fon pofte.

L 2   L'ar-

1690.
OCTO-
BRE.

L'armée campa fur deux lignes, la droite tirant vers Courtrai, la gauche près de Beveren, la Lys derrière le camp.

On replia les ponts après que l'armée les eut paſſés. Le lendemain l'infanterie alla joindre la cavalerie à Harlebeck, & ſuivit les mêmes routes.

Peu de jours après, on fit cantonner les troupes depuis Dixmude juſqu'à Courtrai, & dès qu'elles furent entrées dans leurs cantonnemens, les Alliés ſe ſéparerent pour prendre leurs quartiers d'hyver. L'éloignement des troupes ennemies, leur ſéparation, & la facilité de raſſembler promptement celles de M. de Luxembourg, faiſoient la ſûreté de ſes quartiers.

ETAT DES QUARTIERS DE CANTONNEMENT.

PREMIERE LIGNE.

Villages.	Noms des Régimens.		
INGHELMUNSTER. F. 5.	Bourgogne.	3.	9. Eſcadrons.
	Rottembourg.	3.	
	Naſſau.	3.	
	Fuſiliers.	2.	4. Bataillons.
	Greder, Allemand.	2.	
ISENGHIEN, E. 5.	Salis.		1. Bataillon.
ROMBECKE. D. 5.	Royal Rouſſillon.	3.	9. Eſcadrons.
	Courtebonne.	3.	
	Raſſam.	3.	

Rous-

ROUSSELAER. *Quartier général.* D. 5.	Gardes Françoises.	4.	5. Bataillons.	1690. OCTOBRE.
	Gardes Suisses.	1.		

150. chevaux pour la garde, qui n'étoient relevés que toutes les 48. heures.

BEVEREN. D. 4.	Dragons de Tessé.	3.	
HOCHLEDE. C. 3.	Saint-Simon.	3.	12. Escadrons.
	Bissi.	3.	
	Quadt.	3.	
	Ir. Bataillon du Jeune Stoppa.	1. Bataillon.

STADEN. B. 3.	Meftre-de-Camp-Général.	3.	6. Escadrons.
	Maffot.	3.	
	Stoppa.		2. Bataillons.

Qui fournissoient aux poftes de Wolmerbeck & Ambresfeldt.

SARREN, ou ZARREN. A. 1.	Dragons Dauphin.	3.	
	Davarei.	3.	9. Escadrons.
	Pomponne.	3.	

SECONDE LIGNE.

Villages.	Noms des Régimens.	
LENDELE. E. 6.	Salis.	2. Bataillons.
	Châlons.	2. Escadrons.
MOORSEELE. D. 6.	Bataillon du Roi.	3. Bataillons.
	Royal Etranger.	3. Escadrons.
LEGHEM. D. 6.	Roquelaure.	2.
	Aubuffon.	2.	4. Escadrons.

MOOR-

1690. **OCTO-** **BRE.**	MOORSLEDE. *Quartier de M. le Duc du Maine.* A. 5.	Premier Bataillon des Gardes Suisses. Le Maine.	1. 2. } 3. Bataillons.
	OST-NIEUKERKE. *Artillerie.* C. 4.	Bombardiers.	1. Bataillon.
	PAESCHENDAEL. *Brigade de Boll.* B. 4. 5.	Royal Allemand. Levy.	3. 3. } 6. Escadrons.
	ROOSBERG. *Brig. de Lanion.* B. 4.	Furstemberg. Roquepine. Condé.	2. 3. 2. } 7. Escadrons.
	LANGUEMARCK. *Br. de Locmaria.* A. 4.	Coislin. Merinville. Boufflers.	3. 3. 3. } 9. Escadrons.
	MERCKEM. * 3.	La Gendarmerie.	4. Escadrons.
	CLARHOUTE. F. 4.	Dragons d'Asfeld, Allemand. Un tiers des Caissons.	} 3. Escadrons.
	WOMER, ou WOLMERBECK. 6. 2.	Pracontal. Phelippeaux. Langallerie.	3. 3. 3. } 9. Escadrons.

L'hyver précédent la Cour avoit eu des desseins sur Nieuport, & vouloit à la suite de cette campagne rendre l'armée capable de les exécuter quand elle le trouveroit convenable. Elle fit donc occuper Furnes, Dixmude & Courtrai, autant de villes ouvertes au moindre

dre

dre parti. Pendant que l'armée étoit encore cantonnée aux environs de ces places, on employa l'infanterie à relever la terre des fossés, & à former des parapets pour tirer à couvert. On y fit venir des pionniers, on y envoia des palissades, & on y travailla avec tant de diligence, qu'on les mit en état de recevoir des troupes pendant l'hyver. On rompit les ponts par où l'on pouvoit communiquer de Nieuport à Dixmude. On voulut faire accommoder l'Abbaye de Loo & Rousselaer ; c'étoit la pensée de M. de Luxembourg. Il avoit d'abord cru qu'on pourroit en faire deux postes de résistance ; mais après avoir examiné leur situation, il vit qu'ils demandoient des ouvrages d'une si grande étendue, qu'on ne pourroit y loger assez de troupes pour les défendre. On changea d'avis, on n'y mit personne. A la fin d'Octobre les troupes furent envoiées dans leurs quartiers d'hyver, qui étoient tous sur la frontière. On fit occuper Thuin & Beaumont par quelques bataillons & par des Dragons, afin de resserrer Charleroi de plus près, & de faciliter les courses dans le pays ennemi.

Au départ de M. de Luxembourg pour la Cour, M. de Boufflers eut le commandement général de toutes les troupes depuis la Meuse jusqu'à la mer. Il en fit la revûe particulière dans chaque place, & leur ordonna de se tenir prêtes à marcher dès qu'on en auroit besoin.

M. de Ventillac commandoit depuis la mer jusqu'à la Lys, M. de Villars depuis la Lys jusqu'à l'Honsneau, & M. de Ximenès dans tout le Hainaut, aiant sous lui M. de Guiscard près de la Meuse.

Les

Les avantages, remportés par l'armée du Roi sur les ennemis à la bataille de Fleurus, lui avoient procuré ses subsistances à leurs dépens. On les avoit obligés de ruiner par leur séjour le pays entre l'Escaut & Bruxelles, & celui entre cette place & la Dyle. On avoit détruit plusieurs des postes où ils avoient tenu des troupes pendant l'hyver précédent, & par les contributions, levées sur le pays, on les avoit empêchés d'en retirer les subsides dont ils avoient besoin.

M. de Castanaga n'avoit pû retenir les troupes d'Hannovre, qui étoient retournées dans leur pays, & l'Electeur de Brandebourg n'avoit laissé que 3500. hommes dans les places Espagnoles. M. de Waldeck avoit promis qu'il laisseroit environ 12000. hommes d'infanterie & 1500. chevaux dans les grosses villes des Pays-Bas & dans le pays de Liége ; mais sous condition que ses troupes ne sortiroient point des places, à la défense desquelles elles étoient seulement destinées.

La Cour avoit eu connoissance de ces arrangemens & de ces dispositions. En conséquence elle avoit ordonné à M. de Boufflers de préparer toutes choses pour faire pendant l'hyver des incursions dans le pays ennemi, soit afin d'en tirer beaucoup d'argent, ou pour empêcher les troupes ennemies d'hyverner ailleurs que dans des lieux fermés & à l'abri d'une attaque prompte & imprévûe.

Vers le 15. de Décembre, M. de Boufflers envoia ordre aux troupes qui étoient dans les villes, depuis Dinant jusqu'à Valenciennes, & dans les autres places en arrière, de se rendre à Aveloi sur le bord de la Sambre,

ainsi

ainsi qu'à Thuin. Toutes les troupes y arriverent par différens endroits avec six piéces de canon & les munitions de guerre qui leur étoient nécessaires.

M. de Boufflers, aïant marché jusqu'à la Sambre avec celles qu'il avoit rassemblées à Philippeville, fit jetter sur la rivière un pont de bateaux près du moulin d'Aveloi, pendant que M. de Ximenès passa la rivière à Thuin & à la Bussière. Il laissa Charleroi à droite, se rendit vis-à-vis d'Aveloi, marcha toute la nuit à Judogne avec plus de 4500. chevaux, envoia de là des détachemens du coté de Leeuwe, Louvain, Nivelle & Namur. On brûla quelques villages, afin de forcer le pays à payer des contributions. Pendant cette course, M. de Ximenès & M. d'Avejan resterent avec 5000. hommes d'infanterie & 500. chevaux, tant pour garder le pont & le passage d'Aveloi, que pour assûrer la retraite de M. de Boufflers. Il revint au bout de trois jours avec beaucoup d'argent & d'ôtages, aïant été obligé de repasser promptement la Sambre, dont les eaux s'étoient considérablement grossies depuis lors.

Peu de tems après, M. de Villars s'avança du coté de Hall avec un gros Corps de cavalerie, & en détacha un autre aux environs de Bruxelles, afin d'inquiéter également les ennemis de tous côtés. Entre cette place & Grandmont, il rencontra la cavalerie que commandoit M. de Valsassine, laquelle étoit composée de 2500. chevaux. Comme il falloit passer un ruisseau & défiler dans des gués pour l'attaquer, M. de Villars chercha à remonter le ruisseau. M. de Valsassine saisit ce moment, s'échappa, & facrifia une petite arrière-garde, qui fut toute défaite.

Au mois de Janvier de l'année fuivante, dès que la gelée parut affûrée, M. de Boufflers fongea à établir des contributions dans le pays du côté de la mer, & où les détachemens n'avoient pû pénétrer pendant la campagne. Il mit en marche toutes les troupes qui étoient du côté des Lignes & de la mer, & fe fit joindre par M. de Villars avec des détachemens, tirés des garnifons depuis Douai & Valenciennes jufqu'à la Lys. Ces troupes pafferent le Canal de Bruges, celui du Sas-de-Gand, & entrerent dans le pays de Waes.

En même tems M. de Vertillac & M. d'Artaignan s'emparerent de Pafchendale & de Nieuwendam. On força tous les poftes qu'occupoient les ennemis fur les Canaux, & après avoir établi de fortes contributions dans ce pays-là, comme dans l'autre, M. de Boufflers ramena fes troupes à Dixmude & à Courtrai, d'où il les renvoia dans leurs garnifons pour y paffer tranquillement le refte de l'hyver.

FIN du Tome premier.

www.ingramcontent.com/pod-product-compliance
Lightning Source LLC
Chambersburg PA
CBHW052127090426

42741CB00009B/1979